La philosophie selon Squid Game

Direction éditoriale : Stéphane Chabenat
Éditrice : Charlotte Sperber
Conception graphique et mise en pages : Nord Compo
Conception graphique de la couverture : olo.éditions

Les Éditions de l'**Opportun**
16, rue Dupetit-Thouars
75003 Paris
www.editionsopportun.com

Olivier Dhilly

La philosophie selon Squid Game

Les Éditions de l'**Opportun**

Sommaire

INTRODUCTION 7

CHAPITRE 1 – QUELLE EST LA VALEUR
DE L'EXISTENCE HUMAINE ? 13
L'argument de la propriété de soi 17
Et la dignité de la personne humaine dans tout ça ? 20
Distinguer des sens du mot *valeur* 34

CHAPITRE 2 – QU'EST-CE QUE LA DÉMOCRATIE ? 37
La démocratie, est-ce le vote ? 37
L'illusion démocratique, l'illusion du consentement 40
Quand la démocratie n'est en fait que despotisme 43
Le consentement : mais à quel prix ? 49

CHAPITRE 3 – LA JUSTICE 65
La justice comme valeur morale :
Vaut-il mieux être victime ou bourreau ? 65
Qu'est-ce qu'une société juste ? 71
Le mérite est-il une valeur ? 79

La justice, une égalité des chances ? 83
Qu'est-ce qu'un monde juste ? 85

CHAPITRE 4 – LE TRAVAIL 91
Le paradigme du travail : tout n'est plus que travail 93
Du travail aliéné à la nécessité du travail 104
La dignité et la reconnaissance 113

CONCLUSION 119
L'argent, totem ou tabou ? 119

INDEX DES PHILOSOPHES 125

Introduction

Affirmer que *Squid Game* est une critique acerbe et violente d'une dimension elle-même violente de notre monde contemporain n'étonnera personne. Son fulgurant succès nous dit quelque chose de ce monde, de sa possible inhumanité, des dérives d'un capitalisme incontrôlé, d'un cauchemar qui n'en finit pas, mais aussi du rêve d'un sursaut d'humanité, même s'il reste peu d'espoir.

L'apparition des premières dystopies à la fin du XIXe siècle, grand siècle de la pensée du progrès, leur développement au XXe siècle, siècle des catastrophes mondiales, leur succès dans de nombreuses séries au XXIe siècle, témoignent clairement d'une inquiétude face à l'avenir. Dès lors, elles ne peuvent que nous plonger au cœur de questions qui sont les nôtres, d'interrogations sur notre monde et sur l'existence qu'il implique.

L'histoire de *Squid Game* est simple : 456 adultes, femmes et hommes confondus, se retrouvent sur une île, dans un centre isolé, à partager un même dortoir, afin de participer à des jeux enfantins qui nous rappellent ceux des cours de récréation : 1, 2, 3, soleil, le tir à la corde, les billes, etc. À la différence qu'ici, ceux qui sont éliminés sont purement et simplement tués. Mais la mort d'un joueur ne fait qu'augmenter le pactole que peuvent empocher ceux qui restent et le vainqueur repartira avec 33,224 millions d'euros, chaque vie étant estimée à 72 860 euros, soit 100 millions de wons, monnaie de la Corée, pays où se passe l'action. Pour le rappeler aux survivants, au plafond de ce grand hangar, pend une tirelire transparente qui vient se remplir de la somme potentiellement gagnée dès qu'un joueur a perdu la vie.

Comme dans la vie, il y a des gagnants et des perdants, mais, cette fois, c'est la vie elle-même qui est en jeu. Ceux qui se trouvent embarqués dans cette aventure ont un point commun : ils sont déjà perdus dans leur vie quotidienne, dans la réalité. Surendettés ou ne pouvant continuer à voir ceux qu'ils aiment qu'à la condition de gagner de l'argent, malades et de manière imminente condamnés à mourir, ils semblent devoir être prêts à tout pour survivre ou rendre leur vie supportable.

S'ils sont là, il leur reste néanmoins la possibilité de partir, de quitter le jeu. Il suffit pour cela qu'une majorité des joueurs décide d'y mettre un terme. Elle le décidera, mais cela ne fera pas long feu car le retour à la réalité extérieure, à sa brutalité, à sa violence, va conduire presque tout le monde à revenir et à participer à cette course mortelle à la survie.

C'est que la violence vécue dans cet « univers parallèle » n'a peut-être rien à envier à la violence réellement vécue au quotidien. Au moins, dans cet univers apparemment en dehors du monde, chacun semble avoir les mêmes chances de s'en sortir et il reste toujours la possibilité de revenir ou non. Tout le monde semble être à égalité, là où dans le monde extérieur, chacun souffre et subit les inégalités. « Nous offrons une dernière manière de se battre de manière juste et de gagner[1] », dira l'un des organisateurs.

Lorsque dans une interview on demande à Hwang Dong-hyuk, créateur de *Squid Game*, quel est le message transmis, il répond qu'il n'y en a aucun. Néanmoins, il précise que la situation de Seong Gi-hun, héros de la série et sans doute le personnage le plus attachant, très loin d'être l'individu le plus mauvais, est fortement inspirée d'un conflit violent qui a eu lieu en 2009 chez le constructeur automobile SsangYong. Après le

1. Épisode 5.

licenciement de près de 40 % des employés, 1 000 grévistes ont résisté pendant 77 jours et se sont confrontés au service de sécurité privé et à la police coréenne, à tel point que plus d'une trentaine d'entre eux ont perdu la vie, souvent par suicide. « Nous vivons dans le monde de *Squid Game* », finira-t-il par déclarer lors de l'entretien. Seong Gi-hun, condamné à ne plus voir sa fille qui va s'installer avec sa mère et son beau-père aux États-Unis, est donc la représentation de cette figure ordinaire qui, petit à petit, a perdu travail et famille.

La mise en scène sans détour de la violence peut conduire à modérer ce jugement, à considérer que la violence de notre monde est tout de même en deçà de ces scènes froides d'abattage à bout portant de tous ceux qui échouent. Pourtant, constater que de nombreux très jeunes adolescents ont pu regarder la série et en reproduire les jeux à l'école ou au collège – à tel point que les autorités se sont senties dans l'urgence de proférer des mises en garde – conduit à s'interroger sur la représentation, voire la réalité du monde vécu, et à se demander si cette violence n'est pas devenue banale. On peut incriminer la violence des séries, celle de certains jeux vidéo, toutefois, il ne faudrait pas exclure le réel lui-même, le monde tel qu'il est, la perception et les comportements qu'il engendre.

Bien sûr, la mise en scène de la série est extrême, et on peut reconnaître que certains moments sont difficilement supportables. Le bâtiment, construit sur une île perdue et isolée, n'est pas sans faire penser aux camps : la lutte pour la survie, la réduction de l'existence à des besoins primaires vitaux, la quotidienneté et la banalité de la mort, les individus qui ne sont que des numéros, l'absurdité d'un monde sans monde… et, au milieu de cet univers, les quelques amitiés qui peuvent faire encore espérer malgré tout en l'humanité… Au travail qui libère[2] s'est substitué le jeu. Les organisateurs jouent avec la vie des autres pour se divertir, et les participants jouent pour sauver leur vie pour se libérer d'une déchéance et d'une perte inéluctables. L'élimination des joueurs se fait mécanique, sans pitié, sans hésitation. Il peut paraître ainsi très rapide et réducteur de dire que notre monde est assimilable à celui des

2. Pour reprendre la formule inscrite à l'entrée d'Auschwitz.

camps, que la violence y est identique ; ce qui, par ailleurs, reviendrait à confondre tous les régimes politiques et à ne pas reconnaître que vivre dans une démocratie libérale n'est pas vivre dans un État totalitaire dont les camps furent, pour reprendre l'expression de la philosophe Hannah Arendt, les « laboratoires[3] ».

Pourtant, le parallèle n'est sans doute pas dénué de sens. Si la dictature contemporaine des marchés n'est pas du même ordre que ce qui fait les régimes totalitaires – existence d'un parti unique, rejet de tout signe de division et de conflit, confusion entre la société et l'État –, on peut se demander si les sociétés même démocratiques ne connaissent pas un processus de déshumanisation et de désagrégation à travers l'exercice d'une violence parfois réelle, sinon symbolique ; processus qui constitue souvent leur point aveugle.

Le fait que la série soit diffusée par une plateforme qui participe pleinement à cette même logique pourrait nourrir la tentation d'invalider immédiatement toute dimension critique. Interrogé dans *The Guardian*, un livreur coréen questionné sur la série répond : « Il faut payer pour regarder et je ne connais personne qui me laissera utiliser son compte Netflix. De toute façon, quel intérêt à suivre une bande de types écrasés de dettes ? J'ai juste à me regarder dans le miroir... »

Certes, on peut considérer que cette mise en scène crue de la violence est insupportable, que sa banalisation est préjudiciable. Mais la rendre visible, n'est-ce pas aussi justement démasquer ce point aveugle ?

***Squid Game*, un univers acidulé et ultra-violent dans lequel règne l'argent comme seul moyen pour des individus perdus de se sauver.** Mais jusqu'où ? Seriez-vous prêt à risquer votre vie et à être complice de la mort de centaines de personnes pour gagner 33 millions d'euros, plus précisément d'ailleurs 33,224 millions d'euros, soit 45,6 milliards de wons ? Si, au regard de raisons individuelles, parce que nous sommes dans une situation précaire, parce que même notre vie ne paraît pas supportable, la question peut se poser, elle nous confronte immédiatement à un problème moral. Il semble, en effet, difficile d'accepter moralement que nous puissions défendre un tel choix. Et pourtant nous pouvons nous comporter de la sorte lorsque, pour notre confort,

3. Arendt Hannah, *Les Origines du totalitarisme*, 1951.

nous achetons des vêtements dans des chaînes de magasins qui, en produisant au Bangladesh ou en faisant travailler des Ouïghours dans des camps, nous permettent de faire des économies. Mais est-ce moralement acceptable ? Si la réponse paraît d'abord évidente, quel sens prend cette question lorsque c'est la survie qui est en jeu ? Plus simplement encore, la réponse est-elle si évidente à partir du moment où il y a consentement réciproque quand bien même il s'agirait d'une question de survie ? Car, après tout, ceux qui ont commencé à jouer ont presque tous accepté de revenir dans le jeu après son interruption... Et peut-on d'ailleurs moralement condamner un individu qui a décidé de risquer sa vie, voire de la sacrifier ?

Jusqu'où sommes-nous prêts à sacrifier la vie d'un autre et pour combien ? Là encore, si la réponse peut sembler évidente d'un point de vue moral, force est de constater qu'il est des situations dans lesquelles la question s'impose : choisir, lorsqu'il faut décider qui sauver, entre un proche et un inconnu, entre un jeune et un vieillard, entre deux proches, entre deux inconnus... À qui, à quoi donner de la valeur ? Selon quels critères ? Quelle est la valeur d'une existence humaine ?

***Squid Game*, un univers dans lequel la servitude, l'acceptation de la violence, la cruauté et la mort sont le fruit d'une décision, d'un consentement et d'un vote démocratiques.** Mais est-ce cela la démocratie ? Le consentement suffit-il à la définir ?

***Squid Game*, un univers dans lequel une même dernière chance est donnée à des individus exclus d'un monde violent et où l'égalité se substitue à l'injustice.** Mais la justice est-elle l'égalité ? Face au risque de périr, vaut-il mieux être bourreau ou victime, vaut-il mieux subir l'injustice ou la commettre ?

***Squid Game*, un univers dans lequel des jeux enfantins deviennent une question de vie ou de mort, là où les camps ne sont apparemment plus de travail mais de jeu et où la survie se mesure à la capacité de découper un gâteau et de jouer aux billes. Un univers dans lequel chacun accepte les règles et se soumet à une organisation stricte en considérant qu'en dernière instance il mérite son sort.** Faut-il dès lors continuer à faire du mérite une valeur et du jeu un espace de liberté ? À l'entrée d'Auschwitz, il était annoncé que « le travail libère » ; à l'entrée de Buchenwald, « À chacun son dû ». Le travail n'est-il en réalité qu'une aliénation et le mérite un leurre ?

Des interrogations morales hantent la série. Des questions auxquelles nous voudrions avoir des réponses, en nous demandant comment les joueurs vont agir et comment nous pourrions nous-mêmes agir à leur place. Mais s'agit-il uniquement de morale ? Y a-t-il de bonnes réponses à de telles questions ? Qu'est-ce que cette dystopie est en mesure de nous apprendre sur notre monde ?

Chapitre I

QUELLE EST LA VALEUR DE L'EXISTENCE HUMAINE ?

Seriez-vous prêt à risquer votre vie et à être complice de la mort de centaines de personnes pour gagner 33 millions d'euros, plus précisément d'ailleurs 33,224 millions d'euros, soit 45,6 milliards de wons ?

De manière assez évidente, cela dépend immédiatement des conditions dans lesquelles la question est posée. Si je vis confortablement, je peux être enclin à penser que j'ai assez pour vivre correctement et que je n'ai pas à entrer dans un tel calcul. Si, en revanche, ma vie est en jeu, il pourrait me venir à l'esprit de le faire. Dans les faits, la question semble renvoyer à des préoccupations individuelles : il y aurait, en effet, une différence entre celui qui décide de le faire alors que d'autres possibilités s'offrent à lui et celui qui n'a d'autre choix sinon celui de mourir.

C'est pourquoi, dans *Squid Game*, les personnages sont tous des individus perdus, acculés, dont la seule issue est de participer à ce jeu : Seong Gi-hun a perdu son emploi et sa famille, et sa mère diabétique a besoin de soins urgents ; Cho Sang-woo, l'ami d'enfance de Seong Gi-hun, espoir de son quartier et qui est le seul à avoir fait des études brillantes, s'est ruiné dans des placements financiers hasardeux et a endetté sa propre mère, qui vit modestement d'un petit commerce ; Kang Sae-byeok a fui la Corée du Nord avec sa famille, son père a été tué alors qu'il tentait de fuir, sa mère se cache en Chine et son frère, le seul avec elle à avoir atteint la Corée du Sud, a été placé dans un orphelinat ; Abdul Ali, réfugié pakistanais, exploité dans son usine, a blessé son patron et cherche à rejoindre sa famille, qui est retournée au Pakistan, pour échapper aux représailles ; Jang Deok-su, gangster philippin, criblé de dettes, est poursuivi par la mafia ; Oh Il-nam, le doyen de l'aventure, est en sursis, atteint d'une tumeur au cerveau...

En dehors de ces conditions particulières, sauf accès de folie ou totale inconscience, la question semblerait ne pas se poser : on ne joue pas avec sa vie et encore moins avec celle des autres. Il y a une valeur de l'existence humaine qui rend inacceptable une telle alternative. D'ailleurs, les circonstances particulières ne semblent pas toujours suffisantes pour tenir lieu de justification. C'est ce que Seong nous rappelle : sorti du jeu une première fois, il se voit contraint, pour sauver sa mère atteinte de diabète, d'aller quémander de l'argent auprès de son ex-femme, qui doit partir vivre avec leur fille aux États-Unis. Alors que son ex-femme refuse et qu'il quitte l'appartement, le nouveau compagnon de cette dernière le rattrape et vient lui offrir la somme nécessaire à condition qu'il renonce à continuer de voir sa fille. Seong lui rend son argent et le frappe, lui hurlant au visage : « Tu crois qu'on peut tout acheter avec de l'argent[1] ! »

Immédiatement, une position morale s'impose. Sa force serait de ne relever d'aucune réflexion, d'être spontanée, d'être hors de toute négociation. On ne négocie pas avec des vies humaines. On ne négocie pas avec la liberté. Rousseau, dans le *Contrat social*, nous le dit : « Renoncer à sa liberté, c'est renoncer à sa qualité d'homme, aux droits de l'humanité et même à ses devoirs. Il n'y a nul dédommagement pour quiconque renonce à tout[2]. »

L'existence humaine est inéchangeable (« il n'y a nul dédommagement »), elle est une valeur absolue, et exister en tant qu'homme c'est avoir une existence d'être libre. C'est pourquoi rien ne peut justifier l'esclavage, rien ne peut moralement justifier le fait de vendre sa liberté pour sa subsistance. L'esclave est celui qui, face à l'ultimatum « la liberté ou la mort », choisit une troisième voie, une vie soumise, vie dans laquelle il perd toute humanité.

Pourtant, est-ce si simple quand refuser de se laisser acheter n'offre qu'une seule solution : retourner dans le jeu et risquer sa vie et celle

1. Épisode 2.
2. Rousseau Jean-Jacques, *Du contrat social*, 1762.

d'autres individus moins proches pour s'en sortir ? 187 joueurs, y compris Seong, choisissent de revenir, et à l'épisode 7, s'approchant de la fin, personne ne voudra plus mettre un terme au jeu. Que faire d'autre ? Est-ce, sans discussion, moralement condamnable ?

Puis-je disposer de ma propre existence ? Puis-je décider de risquer ma propre vie pour 33,224 millions d'euros, dans l'espoir d'une vie meilleure ?

Si on commence par laisser de côté le risque pour les autres, on peut se demander ce qui rendrait inacceptable de décider de se vendre, de mettre en danger sa propre vie. Après tout, notre vie nous appartient et on ne voit pas pourquoi on ne pourrait pas, au nom de ce principe, ne pas décider d'en disposer. Les 187 joueurs qui reviennent dans le jeu en connaissent les règles et les risques. C'est en toute connaissance de cause qu'ils prennent la décision d'y retourner. Dans la balance qui met en jeu la vie de sa mère, la relation à sa fille et sa propre vie, pour Seong, le choix est fait. Il pourrait considérer que sa mère est une femme âgée, qu'elle est certes en danger de mort si elle n'est pas soignée mais que l'essentiel de sa vie est derrière elle. Il pourrait considérer que sa fille n'est pas en danger de mort et qu'en partant vivre en Amérique elle aura peut-être même une vie meilleure. Mais il choisit de mettre sa vie en danger dans un jeu où, statistiquement, il a très peu de chances de s'en sortir.

Au nom de quel principe pourrait-on lui interdire de le faire ? L'interdire, n'est-ce pas disposer de sa vie à sa place ? N'est-ce pas donc porter atteinte à sa liberté ? Qu'une personne, parce qu'elle est endettée, veuille vendre son corps avec les risques que cela peut supposer – en se prostituant ou en vendant l'un de ses reins –, a-t-on le droit et le devoir de l'en empêcher ? Pourtant, il s'agit d'un être humain et, en ce sens, n'avons-nous pas le devoir de la protéger contre elle-même ? Si une personne âgée décide, en connaissance de cause, de laisser sa place à une autre personne, sans même la connaître, parce qu'il manque des lits ou des respirateurs dans un hôpital, est-ce moralement condamnable ? Doit-on le lui interdire ? Ces interrogations renvoient d'abord à deux approches de la liberté.

Soit on considère qu'empêcher un individu de disposer de sa vie c'est porter atteinte à sa liberté ; soit on considère que celui qui se vend ou se détruit est esclave de ses désirs et n'est donc, par définition, pas un être libre. D'un côté, nous avons la position libertarienne[3] que nous rencontrons chez un penseur comme Nozick, de l'autre la position humaniste d'un philosophe comme Kant. Alors, Nozick ou Kant ?

Nozick, un philosophe libertarien

Un des représentants les plus célèbres de ce courant est le philosophe américain Robert Nozick (1938-2002), qui était professeur de philosophie à Harvard et qui eut une grande influence après la publication de son ouvrage *Anarchie, État et utopie*[4]. Contrairement à ce que ce titre pourrait laisser penser, Nozick n'est pas un penseur anarchique au sens courant du terme, mais plutôt minarchiste, c'est-à-dire défenseur d'un État minimal. C'est en réaction contre son collègue, le philosophe John Rawls (1921-2002), qu'il écrivit cet ouvrage. Il va s'opposer à toute idée d'un État providence qui redistribuerait les richesses à travers les impôts ou toute forme de taxation (cf. p. 76). Redistribuer des biens qui sont le fruit du travail en le taxant, c'est porter atteinte à la propriété de soi puisque le travail est le résultat de l'activité d'un individu et que tout individu est propriétaire de lui-même. L'influence de Nozick, qui défend alors un effacement de l'État, sera grande dans la pensée néolibérale.

3. Il ne faut pas confondre les libertariens et les libertaires ; ces derniers sont avant tout anticapitalistes, alors que de nombreux libertariens nourrissent plutôt les théories néolibérales.
4. Nozick Robert, *Anarchie, État et utopie*, 1974.

Kant et les lumières de la raison

Kant (1724-1804) est né et mort à Königsberg, en Prusse-Orientale, ancienne province allemande correspondant à la Pologne actuelle. Dès 1755, il commence à enseigner à l'université de sa ville, qu'il ne quitta jamais vraiment. Si sa vie est banale, sa pensée, au contraire, va avoir un grand rayonnement. Philosophe du siècle des Lumières, il va développer une philosophie critique, à savoir une pensée examinant les pouvoirs de la raison en s'interrogeant sur les domaines à l'intérieur desquels ses pouvoirs peuvent légitimement s'exercer. Philosopher, c'est ainsi cesser de faire preuve de crédulité et c'est se demander ce que la raison peut légitimement connaître, ce qu'une personne en tant que telle peut exiger d'elle-même et ce que, dès lors, elle peut légitimement espérer. Ce qui fait avant tout notre humanité, c'est le fait que nous soyons des êtres dotés de raison, et c'est pour cela que nous avons le devoir de nous conduire guidés par elle.

L'argument de la propriété de soi

L'argument libertarien repose sur l'idée suivante : l'individu est l'absolu propriétaire de lui-même, il est l'ultime possesseur de ses talents innés, de ses capacités et de ses compétences. Il est le possesseur de ses capacités physiques et mentales. Son corps lui appartient et il en est le propre maître, tout comme il est le maître de ses désirs. Dès lors, il est le seul en mesure de décider de ce qu'il fait de son corps, de son existence et des fruits de ses activités. Y porter atteinte, c'est porter atteinte à sa liberté. La seule limite réside dans le fait de ne pas entraver la liberté d'autrui.

Si Seong veut rejoindre le jeu et risquer sa vie, si tous les joueurs ont consenti à revenir en connaissant les règles et les risques encourus, rien ne peut le leur interdire. Mieux, toute interdiction serait qualifiée d'injuste.

ACCORDER À SA PROPRE VIE LA VALEUR QUE L'ON VEUT

Dès lors, puisque toute intervention extérieure qui voudrait contraindre un individu dans ses comportements risque à tout moment d'être une atteinte à sa liberté et viole les droits de sa personne, il faut s'opposer à toute loi qui prétendrait protéger les gens d'eux-mêmes. Si un individu désire ne pas porter de casque lorsqu'il fait de la moto ou ne pas attacher sa ceinture en voiture, il a le droit de décider pour lui-même des risques qu'il assume courir. Au nom même du principe de la liberté individuelle, la seule limite est la liberté des autres.

Ainsi, un individu a totalement le droit de se mutiler ou de se suicider, mais non de commettre un meurtre, sauf éventuellement si c'est l'autre qui le lui demande. Car on pourrait considérer que la limite au comportement de Seong réside dans le fait qu'il peut décider, au nom du principe de la propriété de soi, de risquer sa vie dans le jeu pour gagner 33 millions d'euros, mais que ce jeu implique également la mort de ceux qui perdent. Mais ce serait oublier que tout cela relève d'un consentement partagé : tout le monde au sein du jeu connaît les règles et a finalement passé une forme de contrat en revenant dans la partie. C'est donc seulement si le contrat n'est pas respecté qu'une intervention extérieure contraignante peut se justifier ; pour le reste, tout n'est qu'affaire de liberté individuelle. Finalement, au nom de la propriété de soi, on peut trouver violente la mort de ceux qui perdent, mais elle n'est pas injuste ! Elle était présente dans le contrat consenti et elle fait partie des règles du jeu. Chacun a donc le droit d'accorder à sa propre vie la valeur qu'il souhaite lui donner.

Une telle position peut choquer moralement, mais l'immoralité ne réside-t-elle pas avant tout dans le fait de ne pas respecter la liberté des individus et donc de décider à leur place ?

« L'État ne saurait user de la contrainte afin d'obliger certains citoyens à venir en aide aux autres, ni en vue d'interdire aux gens certaines activités pour leur propre bien ou leur propre protection[5]. »

Nozick

PEUT-ON VENDRE SES ORGANES OU SON CORPS ?

Dès lors que nous adhérons au principe de propriété de soi, notre corps nous appartient, nous en faisons ce que nous voulons, et personne d'autre que nous ne peut en disposer sans notre accord. Lors de l'épisode 5, « Un monde juste », nous découvrons que certains gardiens opèrent un trafic d'organes et s'enrichissent sans le consentement des prisonniers puisque ceux-ci sont morts. Voilà quelque chose d'injuste. En effet, au nom du principe de propriété de soi et de la liberté individuelle, une personne peut très bien décider de vendre l'un de ses reins puisqu'elle dispose de son corps, mais, ce qui n'est pas acceptable, c'est justement que d'autres individus disposent de son corps indépendamment de sa volonté. C'est pourquoi, dans l'épisode 6, ceux qui participaient au trafic d'organes seront tués et leurs corps exposés aux yeux de tous, comme s'ils étaient ceux qui incarnent la honte de l'injustice même.

On pourrait rétorquer que la vente de l'un de ses propres organes est elle-même choquante. Mais n'est-on pas alors choqué que l'on puisse les donner ? Pourquoi trouver acceptable de les donner alors que d'autres individus meurent par manque de greffons et que certsains ont besoin d'argent ? Donner ne poserait pas de problème moral si ce n'est au regard de certaines convictions qui peuvent être tout à fait discutables. C'est pourquoi d'ailleurs on peut au mieux inciter à le faire, mais que l'on verrait d'un mauvais œil que l'État ou que quiconque nous

5. Nozick Robert, *Anarchie, État et utopie*, 1974.

l'impose : ce geste de générosité doit reposer sur le consentement, il ne regarde que l'individu concerné. Si les personnages ont décidé de prendre part au jeu, c'est donc leur affaire.

Ainsi, si c'est le consentement qui est le principe, c'est qu'il faut bien reconnaître ici que seule la liberté de l'individu peut prévaloir. C'est au nom de ce même principe qu'il paraît fortement discutable de punir l'adultère ou la prostitution. De même, puisque notre vie nous appartient, nous pouvons en disposer librement, et toute loi qui interdirait le suicide assisté serait injuste.

Rien ne peut donc interdire légitimement que des joueurs participent à un jeu de massacre. *Squid Game* est violent mais n'a rien d'injuste en ce sens. Le fait que les joueurs entrent dans le jeu peut choquer certaines convictions morales, mais cela n'a rien d'immoral en soi. S'opposer à une telle approche, c'est imposer une forme de paternalisme et de moralisme législatif, c'est s'attacher à imposer et à promouvoir des vertus qui sont, à un moment donné, les convictions morales de la majorité au détriment de la liberté. Attention, cela n'exclut pas toute forme de générosité ou de charité. Un individu peut bien décider de donner tout ou partie de sa fortune à des gens dans le besoin. Mais cela ne peut pas lui être imposé de l'extérieur et ne peut relever que d'une démarche personnelle, tout comme d'ailleurs il est possible de ne pas retourner dans le jeu, décision qu'ont pu prendre 14 joueurs sur les 201 personnes libérées à la suite du premier épisode, dont le sort est peut-être meilleur que celui des 187 joueurs qui sont revenus...

Et la dignité de la personne humaine dans tout ça ?

Même si cela ne relève pas d'une argumentation, une telle position ne cesse de déranger. On saisit bien la cohérence des propos, mais, comme nous le montre la série, on ne peut que constater la violence qu'elle induit. Et pourtant, en nous interrogeant sur la liberté que peut avoir Seong de risquer sa vie, nous rencontrons des situations dans lesquelles invoquer cette liberté peut avoir un sens : imposer à une personne en fin de vie le fait de ne pas pouvoir choisir, n'est-ce pas porter atteinte à sa liberté ? Au nom de quoi pourrait-on lui imposer, de l'extérieur, les convictions morales qui sont les nôtres, et lesquelles ?

Les pays qui ont mis en place la possibilité d'un suicide assisté reconnaissent bien, d'ailleurs, la nécessité du consentement. Ce simple constat semblerait, au premier abord, aller dans le sens des analyses libertariennes qui nous autorisent à penser que rien ne peut permettre d'interdire aux joueurs de rejoindre le jeu, voire aux organisateurs de s'en divertir.

Pourtant, si le consentement est nécessaire afin de ne pas disposer de l'existence d'un autre à sa place, le suicide assisté ne se fait pas dans n'importe quelles conditions et invoque d'autres principes, à savoir la dignité humaine et la compassion. Que l'on puisse disposer de sa vie, soit, mais à certaines conditions. En outre, la question du consentement pose elle-même problème.

En 2001, un fait divers avait défrayé la chronique en Allemagne. Armin Meiwes, citoyen allemand, avait publié des annonces sur Internet pour trouver un homme désirant être mangé. De façon surprenante, il avait reçu plusieurs réponses et avait rencontré Bernd-Jürgen Brandes, avec lequel il avait eu des relations sexuelles avant de savourer en sa compagnie son pénis, cuisiné avec amour. La scène fut filmée avant la mort de son invité, puis Meiwes dépeça le corps avant de congeler les morceaux dans la perspective d'autres festins à venir.

Que faire du consentement de Brandes ? En l'absence de loi contre le cannibalisme, les juges furent confrontés à une vraie difficulté. Malgré la défense de l'avocat qui invoquait le consentement, Meiwes fut d'abord condamné à huit ans et demi pour homicide, puis à perpétuité par la cour d'appel qui révisa le jugement. Peut-être, avant son assassinat, Brandes avait-il, comme les joueurs de *Squid Game*, remercié son partenaire d'avoir joué avec lui ? Ainsi, quel sens donner à la notion de consentement et dans quelle mesure peut-on parler de liberté ?

Selon Nozick, on peut considérer que Meiwes n'avait pas à être condamné puisque Brandes était consentant. La valeur d'une vie dépend du choix et du sens que chaque individu décide de donner à son existence. C'est la liberté de l'individu qui est l'argument ultime. Chacun est alors pleinement responsable de lui-même : Seong peut choisir de se sacrifier pour sa mère et sa fille, chacun des participants a ses propres raisons pour le faire, mais ce serait autre chose s'ils avaient été contraints de l'extérieur à le faire.

Et pourtant n'est-ce pas, partiellement tout au moins, le cas ? Les contraintes économiques sont bien présentes, et si les joueurs reviennent dans le jeu, aussi violent soit-il, c'est parce que la violence du monde extérieur, avec ses inégalités criantes, rend la vie impossible : « Nous leur offrons une dernière manière de se battre de manière juste et de gagner[6]. »

Le choix s'opère entre une vie sans espoir et une vie dans laquelle un espoir minime existe : la mince possibilité de sortir d'une situation dont l'issue est connue d'avance. Le désir de s'en sortir est alors le seul qui vaille. Considérer, dès lors, que la liberté réside dans le fait d'être propriétaire de ses désirs semble avoir peu de sens. Affirmer que l'individu en est maître revient à nier la réalité des conditions économiques et sociales dans lesquelles il vit.

Pour justifier que l'individu est toujours propriétaire de lui-même, la position libertarienne part du principe que tout individu est souverain et que cette souveraineté des individus est plus importante que l'intérêt de celui qui, par exemple, aurait besoin d'aide : il n'y a rien de condamnable en soi au fait que chacun des joueurs engage sa vie puisque cette démarche est librement consentie et que ce consentement permet à chacun de donner à son existence la valeur qu'il décide de lui accorder. Mais la notion de propriété est elle-même ambiguë : est-ce la même chose de parler de propriété d'un objet et de propriété de soi ? Quel sens donner à cette liberté invoquée ?

On peut évaluer un objet en fonction de sa valeur d'échange, qui va varier au regard de l'offre et de la demande par exemple, mais en est-il de même en ce qui concerne l'existence humaine ? Il est possible à un individu de ressentir qu'il n'a pas de valeur parce qu'il n'est pas aimé ou qu'il n'est pas désiré, mais est-ce cela qui fait la valeur d'un individu ?

---

6. Épisode 5.

Un joueur de football a une valeur marchande nettement supérieure à celle du commun des mortels, qui aurait bien du mal à se proposer sur le mercato pour 10 millions d'euros alors qu'il ne sait pas jouer au football. Mais en déduire que son existence a alors peu de valeur parce qu'il n'est pas l'objet d'une demande et d'un désir sur le marché des joueurs de football, c'est le réduire à un objet d'échange.

Les libertariens, et Nozick le premier, reconnaissent que chacun a une valeur égale en ce que chacun est libre de choisir et de décider. C'est cet argument qui pose les limites au fait que l'on ne puisse décider à la place de quiconque. Mais s'il y a une égalité qui interdit d'empiéter sur la liberté de l'autre, alors il faut bien en conséquence reconnaître également qu'en aucun cas un individu ne peut être échangé, quand bien même il le déciderait, contre quoi que ce soit.

C'est ici l'argument que Kant aurait pu opposer à Nozick s'il avait été vivant en 1974. C'est l'argument qui conduit à affirmer que rien ne peut justifier moralement que je mette ma vie en danger pour de l'argent, même si je le désire. Et ce parce que j'ai des devoirs envers moi-même. Acculé, chaque joueur de *Squid Game* peut bien décider de retourner dans le jeu, mais, moralement, cela est indéfendable, et ce non pas en vertu de convictions personnelles, mais d'un point de vue universel. Au pied du mur, chacun peut décider de monnayer son existence et considérer que sa valeur dépend des besoins, des nécessités ou des désirs du moment, mais cela n'est jamais justifiable moralement.

Le conditionnement de la valeur de l'existence humaine, quand bien même cela n'engagerait que moi-même, n'est pas acceptable moralement. Et finalement nous avons raison d'être choqués face au spectacle de ce jeu de massacre, d'en éprouver douloureusement à tout moment la cruauté. Mais ce n'est pas uniquement sa violence qui doit nous heurter ou nous faire éprouver une forme de répulsion, c'est moralement que la situation est intenable.

Je peux désirer être riche, je peux désirer être en bonne santé, tout comme je peux désirer tuer mon voisin, mais le désir ne fonde pas la morale. Comme le souligne Kant, qu'un tyran me menace de mort si je ne dénonce pas mes camarades, même si mon désir profond est de rester en vie, mon devoir est de ne pas les dénoncer, et d'ailleurs il m'est toujours possible de le faire. Cela n'est pas facile, mais qui a dit qu'être moral l'était ? Mon devoir est de me détacher de ce qui s'impose à moi et de ne pas me réduire à mes désirs. J'ai un devoir : n'être esclave de rien. Et ce parce que je ne suis pas qu'un être de désirs. Ce qui me fait appartenir à l'humanité, c'est que je possède en commun avec les autres hommes une faculté : la raison.

Me demander ce que je dois faire, quel est mon devoir, ce n'est pas me demander ce que ferait tel ou tel autre à ma place, car cet autre a, comme moi, tout un ensemble d'éléments qui le déterminent (sa culture, ses croyances, son éducation, ses désirs, ses peurs...), mais c'est me demander ce que n'importe qui, quels que soient sa culture, ses croyances, son éducation, ses désirs et ses peurs, devrait faire à ma place. Ce n'est pas l'unanimité qu'il faut rechercher mais l'universalité et cette universalité n'est possible et pensable que parce que nous sommes dotés de raison.

« Agis de manière à ce que la maxime de ton action puisse être érigée en loi universelle de la nature[7]. »

Kant

Ainsi, comme je fais partie de l'humanité, j'ai des devoirs envers moi-même, j'ai le devoir de ne pas agir conditionné par mes désirs. C'est là que réside ma liberté, non pas dans le fait de suivre mes désirs individuels, mais dans le fait de ne pas en être l'esclave. Être libre, ce n'est pas obéir à mes désirs, mais c'est obéir à ce qui en moi fait de moi un être appartenant à l'humanité, à savoir ma raison. Et ce parce que je ne suis pas un objet et que je ne suis pas propriétaire de moi comme je serais propriétaire d'une chose.

Puis-je décider de monnayer ma vie pour 33 millions d'euros ? Non.

Nous ne pouvons donc pas moralement disposer de notre vie tel que nous l'entendons et sa valeur ne dépend pas de celle que nous décidons de lui accorder. Sa valeur n'est pas subjective car il y a

7. Kant Emmanuel, *Fondements de la métaphysique des mœurs*, 1785.

une valeur objective de l'humanité, sa nature rationnelle. Tous les êtres humains ont une valeur égale, et cette valeur n'est pas relative mais absolue. Elle ne se marchande pas. Seong avait raison lorsqu'il s'insurgeait en disant : « Tu crois qu'on peut tout acheter avec de l'argent[8] ! » La personne humaine n'est pas un moyen mais une fin en soi. Elle n'a pas de prix. Et je ne peux même pas prétendre que j'ai le droit, moralement, de décider moi-même quel prix j'accorde à ma propre vie.

« Traite toujours autrui comme une fin et non seulement comme un moyen[9]. »

Kant

Il semble alors que l'argument de Nozick se retourne contre lui-même. Lorsqu'il soutient que l'on ne peut imposer quelque chose à un individu contre ses choix parce qu'il est propriétaire de lui-même, c'est parce qu'il refuse que l'individu soit traité comme un moyen en vue d'une fin autre. Mais justement, s'il faut refuser de traiter l'autre comme un moyen et si l'on ne doit pas non plus se traiter soi-même comme un moyen, alors nous avons des devoirs envers nous-mêmes.

Si nous sommes kantiens, la réponse est claire : se vendre, disposer de son existence, est, d'un point de vue moral, absolument condamnable. Rien ne peut moralement justifier que je risque ma vie pour 33 millions d'euros. La valeur de l'existence, quand bien même il s'agirait de la mienne, n'est pas relative. Chacun peut décider de se vendre, mais jamais il n'est possible d'en donner une justification morale. Ni l'apparent consentement, ni la violence du monde extérieur ne permettent de justifier moralement l'existence de ce jeu. D'ailleurs, le consentement en est-il un ici ? C'est en ce sens que Kant se distingue de Nozick, définissant la liberté non par le simple libre arbitre, mais par l'autonomie.

---

8. Épisode 2.
9. KANT Emmanuel, *Fondements de la métaphysique des mœurs*, 1785.

Deux définitions de la liberté : le libre arbitre et l'autonomie

Le **libre arbitre** désigne le pouvoir de choisir. Définir la liberté par le libre arbitre, c'est penser la liberté comme la capacité de choisir entre deux ou plusieurs comportements sans, *a priori*, incliner d'un côté ou de l'autre. Nous sommes libres parce que nous avons le pouvoir de choisir. Ainsi, je peux choisir entre participer à un jeu de massacre ou non, je peux choisir de vendre mon corps ou non, etc. C'est spontanément cette liberté que nous revendiquons lorsque des contraintes tentent de s'imposer à nous. Qu'on m'interdise de participer à *Squid Game* et j'estime alors qu'on porte atteinte à ma liberté entendue comme libre arbitre.

Le terme *autonomie* vient du grec *auto*, qui signifie « propre », et de *nomos*, qui signifie « loi ». L'**autonomie** signifie donc l'obéissance à sa propre loi. Être libre, ce n'est pas faire ce que l'on a envie de faire au moment où l'on en a envie, ce n'est pas suivre ses désirs. Être libre, c'est d'une part être indépendant à l'égard de toute contrainte extérieure, d'autre part obéir à soi-même en tant que l'on est un être doté de raison et de volonté. Tel est le sens que Kant donne à la notion de liberté. Ainsi je peux désirer quelque chose, mais mon désir, quand bien même m'apparaîtrait-il mien, s'est imposé à moi. Quand je fais ce que je désire, je ne suis pas réellement libre ; alors que quand je fais ce que je dois faire, quand je fais mon devoir, je suis libre car je cesse d'être esclave de ce qui s'impose à moi. Et cela est possible car je suis un être doté de raison. Finalement, c'est en faisant mon devoir que je suis vraiment libre. C'est en refusant de me vendre pour ma survie que je le suis.

Bilan

Alors, plutôt Nozick ou plutôt Kant ? Jusqu'à quel point avons-nous des devoirs envers nous-mêmes ? Mon corps et ma vie m'appartiennent-ils ? La valeur de l'existence humaine est-elle absolue ou dépend-elle de ce que j'en décide ?

La réponse semblerait bien à première vue pencher du côté de Kant. D'ailleurs, Nozick, à la fin de sa vie, est revenu sur ses propres positions. Cependant, ce débat laisse ouvert tout un ensemble de questions.

Certes, il n'est pas étonnant que les thèses libertariennes de Nozick aient pu connaître un succès certain dans les années 1980, lorsque les politiques néolibérales de Reagan et Thatcher se sont peu à peu imposées, prônant une intervention minimale de l'État et laissant la place à un monde de glorification de l'individu et de ses talents – individu pleinement responsable de ses échecs et de ses succès –, un monde dans lequel les perdants, comme dans *Squid Game*, devraient remercier d'avoir eu le droit de jouer.

Toutefois, si on peut reprocher à l'argument de la propriété de soi son immoralité, faut-il alors en conclure que jamais notre corps ou notre existence ne nous appartiennent ?

La position libertarienne justifiant qu'un individu puisse se vendre va nourrir des positions néolibérales déshumanisantes, mais affirmer la propriété de soi, c'est aussi se donner la possibilité de penser à des questions telles que l'avortement, le suicide assisté...

Sur ce dernier point, la position de Kant est claire : même si, à la suite d'une série de maux qui le font souffrir et le réduisent au désespoir, un individu ressent du dégoût pour la vie, il doit être assez maître de sa raison pour se demander s'il a pour autant le droit d'abréger son existence.

Quand un individu, pour échapper à une situation devenue intolérable, se détruit lui-même, il se sert de sa personne comme moyen. Puisque l'on ne peut disposer de sa personne ou de toute autre personne comme d'un objet, puisqu'on doit toujours traiter l'autre comme fin et non comme moyen, notre devoir est de toujours empêcher l'autre de se détruire, mais aussi de nous empêcher de nous détruire. Ne pas le faire serait annihiler, en nous ou en l'autre, l'humanité.

Or, ne peut-on pas moralement justifier un acte de générosité, lorsqu'un individu donne un rein, par exemple, quand bien même il s'agirait d'une mutilation partielle ? Ne peut-on pas moralement justifier la compassion face à une personne en fin de vie qui souffre, une personne dont la dignité est atteinte et qui, lucidement, demande que sa vie soit abrégée puisqu'il s'agit de sa propre existence ? Ne doit-on pas reconnaître la grandeur de Oh Il-nam, qui, conscient qu'il a été manipulé dans le jeu de billes face à Seong, accepte de perdre sa vie ?

Nous sommes confrontés à une escalade de la cruauté qui nous met face à la difficulté du problème. Lors de l'épisode 6, intitulé « *Ggambu* » (le terme désignant en coréen une « amitié parfaite », une « grande confiance »). Les joueurs se retrouvent confrontés à des situations intenables : alors qu'ils constituent des équipes de deux par affinités, pensant, comme dans les jeux précédents, être en concurrence avec les autres équipes, ils découvrent qu'ils doivent jouer aux billes au sein de chaque équipe et que c'est soit eux, soit leur partenaire qui sera éliminé en cas de défaite. Ce n'est plus un inconnu qu'il s'agit d'éliminer, mais la personne la plus proche, l'ami, l'époux ou l'épouse… Une des équipes réunit Oh Il-nam, le doyen avec lequel personne ne voulait être, et Seong, qui s'est pris d'affection pour lui. Tous les coups sont permis aussi longtemps que l'on ne fait pas acte de violence. Apparemment, Oh Il-nam a perdu la tête et semble être frappé de démence. La tentation est grande d'exploiter la situation. Ce que Seong va finalement faire.

Mais Oh Il-nam sait que Seong a abusé de lui. Alors que le vieillard déambule avec semble-t-il des pertes de mémoire et qu'il refuse de continuer à jouer, Seong, conscient que si le jeu n'est pas terminé à temps les deux seront exécutés, s'emporte : « Mais ça n'a aucun sens ! » et Oh Il-nam de lui répondre : « Parce qu'abuser d'une vieille personne comme moi, ça a du sens, tu trouves ? » Et pourtant il va accepter de perdre, tout comme d'ailleurs Ji-yeong, qui, cette fois de manière claire, accepte de se sacrifier pour sa partenaire, estimant qu'elle-même a beaucoup moins à perdre en se faisant tuer que Sae-byeok qui veut sauver son jeune frère enfermé dans un orphelinat. Par ailleurs, on ne saura pas grand-chose du couple dans le jeu, sinon que la perte de l'un sera insupportable pour l'autre...

Or, lorsque nous découvrons que Oh Il-nam, qui a démasqué le jeu de Seong, accepte néanmoins de mourir, lorsque nous voyons Ji-yeong se sacrifier pour Sae-byeok en refusant de jouer, nous ne considérons pas ces gestes comme immoraux. Au contraire, ils peuvent même susciter une certaine admiration. De même, lorsque nous apprenons, au beau milieu de la pandémie, qu'une personne âgée a demandé à ne pas avoir de respirateur parce qu'ils n'étaient pas assez nombreux et que l'essentiel de sa vie était derrière elle, nous ne considérons pas cette position comme immorale, bien au contraire. En revanche, en ce qui concerne Oh Il-nam, nous sommes choqués lorsque nous découvrons dans le dernier épisode que tout cela n'était qu'une manipulation de plus...

D'ailleurs, Kant ne dirait pas que le comportement de Ji-yeong est immoral, ou que ce que l'on croit d'abord être celui de Oh Il-nam l'est, mais il ne s'agit pas d'un acte moral qui peut susciter l'estime, tout au plus il « mérite des louanges et des encouragements[10] ».

QUELS PROBLÈMES : LA RIGUEUR MORALE OU LA DÉFENSE DE LA LIBERTÉ INDIVIDUELLE ?

La position morale comme oubli du réel

La position de Kant est rigoriste et ne souffre moralement aucune exception. Quelle que soit la situation, je dois me traiter et traiter l'autre comme fin. On peut discuter des meilleurs moyens pour parvenir à son but, et chacun des joueurs dans l'épisode 6 s'attelle à réfléchir à constituer la meilleure équipe ; on peut discuter même des buts poursuivis,

10. KANT Emmanuel, *Fondements de la métaphysique des mœurs*, 1785.

et lors de la partie de billes, Ji-yeong le fait pour justifier sa décision ; mais on ne discute pas avec la morale.

La morale n'est pas une affaire de calcul et de négociation. C'est en ce sens que Kant va, par exemple, rejeter tout droit de mentir à l'autre puisque le mensonge consiste à manipuler celui qu'on a en face de soi, et donc à le traiter comme un moyen. Si, en situation de guerre, je cache un compatriote chez moi et que l'ennemi débarque et me demande s'il y a une personne dans ma cave, je ne dois pas mentir ! Même devant la pire ordure, je dois agir en le traitant comme une fin. Toute existence humaine a une valeur absolue. Mais peut-on dire que toutes les vies se valent ? N'est-ce pas nier la réalité, la particularité de chaque situation ? Nous devons vivre dans un monde où il s'agit de prendre des décisions, et toutes les décisions ne se valent pas. Une célèbre formule de Péguy[11] à propos de Kant est peut-être alors, là où nous en sommes, ce qui convient le mieux :

> *« Je compte [...] que vous ne réglerez points ces débats par les méthodes kantiennes, par la philosophie kantienne, par la morale kantienne. Le kantisme a les mains pures, mais il n'a pas de mains. Et nous nos mains calleuses, nos mains noueuses, nos mains pécheresses nous avons quelquefois les mains pleines[12]. »*

Les mains des personnages de *Squid Game*, pas plus que les nôtres, ne sont pures. Mais chacun, dans la série, de manière plus ou moins louable, est embarqué dans un monde violent où des choix s'imposent et où tous

11. Écrivain et poète français (1873-1914).
12. PÉGUY Charles, *Victor-Marie, Comte Hugo*, 1910.

les choix ne se valent pas. Les personnages ont tous des mains calleuses, noueuses et pécheresses. Aucun n'est un saint, aucun n'est non plus un martyr. Et c'est pour cette raison aussi que les situations vécues sont si violentes et pénibles.

La position libertarienne oublie à son tour le réel

Mais, inversement, la position libertarienne pose également problème parce qu'elle autorise que tout puisse finalement se vendre et s'acheter en faisant de l'individu consentant la source de toute valeur accordée à l'existence, ce qui risque de la réduire à une marchandise. En outre, que signifie cette notion de consentement ? Peut-on réellement considérer que tous les individus présents ont consenti ? Dans un roman qui a eu un grand succès dans les années 1980, *Le Choix de Sophie*[13], et dont un film a été tiré avec Meryl Streep, l'auteur William Styron nous décrit une scène dont la cruauté n'a rien à envier à certaines scènes de la série. Une mère, pendant la Seconde Guerre mondiale, se retrouve face à un soldat nazi qui lui demande de choisir entre ses deux enfants celui qu'elle va garder et celui qui sera déporté. Dans une tension extrême, lorsqu'elle prend conscience qu'elle doit décider, elle désigne en hurlant celui qui va rester avec elle. Peut-on parler de consentement en considérant qu'elle a donné plus de valeur à l'un qu'à l'autre ?

DISTINGUER L'ÉTHIQUE ET LA MORALE

Si décider, choisir et agir, c'est toujours le faire embarqué dans le monde, pris dans des situations particulières complexes qui impliquent des sacrifices ; si, pour reprendre l'expression de Péguy, c'est avoir des mains, alors peut-être faut-il prendre en compte le réel avec toutes ses aspérités, ses tensions et ses difficultés, en considérant qu'il n'y a pas de réponse toute faite ni donnée d'avance. C'est le sens que l'on peut donner à la distinction entre l'éthique et la morale. Les deux termes originellement ont une signification quasiment identique : le terme *éthique*

13. Styron William, *Le Choix de Sophie*, 1979.

vient du grec *ethos*, qui signifie « coutume », et le terme *morale* vient du latin *moralis*, qui signifie « relatif aux mœurs ». Pourtant, nous pouvons opérer une distinction ici. Notons que nous parlons, par exemple dans le domaine des biotechnologies, de bioéthique et non de « biomorale ». La morale est ce qui opère par commandements : « tu ne tueras point », « tu ne mentiras point »...

Parler d'éthique, c'est souligner la prise en compte de la singularité de chaque situation. On parle ainsi d'éthique médicale lorsqu'il s'agit pour le médecin de prendre, face à son patient et avec lui, des décisions ou même de lui annoncer une mauvaise nouvelle. L'éthique suppose ici le souci de l'autre, ou tout au moins sa prise en compte dans le contexte d'une situation singulière. Et ce parce que nous ne vivons pas qu'avec des sujets rationnels, mais que nous vivons avec des individus qui ont tous une histoire particulière.

Dans l'urgence, il faut parfois se positionner ; ce n'est pas nécessairement faire le bien, mais faire le « moins mal », ou le mieux de ce qu'il est possible de faire. Et parfois on est amené à devoir décider de donner plus de valeur à une existence qu'à une autre. C'est le cas lorsqu'un médecin doit choisir qui sauver, par exemple, même si cela ne doit pas pour autant faire perdre de vue l'idéal : lorsque l'éthique rejoint la morale.

Une troisième voie ?

L'épisode 7 semble nous confronter alors à une troisième voie : les participants doivent emprunter un chemin constitué de plaques de verre au-dessus du vide. Ils se suivent un à un, le temps est limité et une plaque de verre sur les deux n'est pas capable de supporter le poids d'un être humain. L'emprunter, c'est immédiatement la briser et faire une chute mortelle. Mais chaque candidat ne peut être que sur une plaque et, pour avancer, les joueurs doivent donc attendre que celui qui est en tête prenne sa décision, permettant alors aux autres de connaître, à chaque étape, la bonne plaque sur laquelle se rendre. Si le candidat qui est en tête est incapable de se lancer pour franchir l'étape suivante, alors le groupe restant va mourir. S'il est poussé, soit il atterrit sur une plaque solide, soit il tombe sur une mauvaise plaque et meurt, mais cela permettra alors tout de même aux joueurs qui le suivent de gagner une étape.

À la fin de ce jeu, il reste quatre personnes et une seule étape à franchir. Si celui qui est devant prend la bonne décision, tout le monde peut être sauvé à condition que le temps ne soit pas écoulé ; s'il prend la mauvaise décision, il meurt mais les trois joueurs restants seront sauvés. Sang-woo prend alors la décision à la place du joueur de tête et le pousse. Ce dernier atterrit sur la mauvaise plaque et meurt mais les trois autres participants sont sauvés.

Quatre joueurs risquent ici de mourir. En sacrifiant éventuellement un participant, trois sont sûrs de survivre. La décision relève d'un calcul reposant sur l'intérêt du plus grand nombre. « Le plus grand bonheur au plus grand nombre est la mesure du juste et de l'injuste[14] » : tel est le principe de ce qu'on nomme l'« utilitarisme ». Prendre la bonne décision, c'est évaluer les conséquences d'une action en faisant la somme de tous les avantages puis en soustrayant les coûts. La position n'est pas égoïste puisqu'elle repose non sur le bonheur personnel, mais sur celui de la communauté. Mais peut-on étendre ce principe ?

Bentham, penseur de l'utilitarisme

Jeremy Bentham (1748-1832) et John Stuart Mill (1806-1873) sont deux penseurs britanniques considérés comme les fondateurs et les théoriciens de l'utilitarisme, qui ont exercé une influence importante en économie politique et en sciences sociales en développant la notion d'utilité.

Tout d'abord, il suppose que l'on est entièrement capable d'évaluer les conséquences. Or, il est difficile de mesurer ce que le sacrifice d'une personne peut avoir comme conséquence sur la communauté. Peut-être

14. BENTHAM Jeremy, *Fragment sur le gouvernement*, 1776.

est-on en train de sacrifier un individu qui aurait accompli de grandes choses pour elle ; peut-être la disparition de cet individu va-t-elle avoir des conséquences néfastes pour ses proches qui, par la suite, porteront atteinte à la communauté, etc.

Ensuite, cette position pose des problèmes moraux en ce qu'elle repose sur une logique sacrificielle. Pourquoi dans ces conditions ne pas justifier la torture ? Je peux décider de me sacrifier, mais c'est tout autre chose que de décider du sacrifice d'un autre. Nous retrouvons d'ailleurs la situation décrite dans *Le Choix de Sophie* : là où la morale conduirait à rejeter le principe même de ce choix, la considération de l'utilité exige que Sophie désigne la victime. Il est rationnel d'accepter le sacrifice de l'un ou de l'autre. La raison utilitariste entre en conflit avec la morale. Remarquons d'ailleurs que la logique sacrificielle n'a pas disparu avec les sociétés démocratiques : au nom du bonheur du plus grand nombre, les droits des minorités peuvent être sacrifiés pour des raisons d'efficacité économique.

Distinguer des sens du mot *valeur*

La difficulté tient notamment au fait que le terme *valeur* peut renvoyer à des réalités différentes.

Il y a la valeur d'une existence humaine par le seul fait d'exister. C'est ce qui fait que, d'un point de vue moral, toutes les vies se valent également. Par conséquent, même le pire criminel a des droits et ne doit pas être traité comme une chose.

Il y a la valeur marchande, ce qui fait qu'un objet peut être échangé selon les besoins et la demande. En ce sens, par principe et au regard du sens précédent, aucune existence humaine ne peut moralement être vendue.

Il y a la valeur comme coût, autre dimension économique. Dans certaines branches de l'économie, on calcule ainsi le coût d'une vie humaine. Il ne s'agit pas de dire qu'une vie a un prix, le coût va désigner ici le consentement de ce que les gens sont prêts à payer pour une petite réduction de leur risque de mortalité. Cela peut choquer la morale, mais il s'agit de reconnaître d'abord que les politiques sanitaires se font parce qu'elles se financent en faisant des bénéfices. Ce coût relève ainsi d'un calcul. Le problème est que ce coût dépend de la richesse d'un pays et des politiques de répartition de cette richesse. Une telle approche entre alors en contradiction avec la valeur qu'on accorde à une existence en tant qu'elle appartient à l'humanité. Elle engage à se demander sur quels critères on va décider d'une politique plutôt que d'une autre. Cela pose le problème des politiques publiques, de la répartition des richesses, etc. Le critère établi, une fois encore, est le consentement. Mais quel sens lui donner ?

En outre, la valeur économique ne peut être le seul critère pris en compte. En effet, si la position libertarienne soutient que la propriété de soi peut justifier que l'on vende un de ses organes, par exemple, et considère que l'interdire est injuste, elle laisse de côté la question des inégalités et de la nécessité économique. Repérer les pays dans lesquels les individus sont contraints à de telles pratiques suffit pour le constater.

Maintenant, si nous entrons pleinement dans le champ de l'éthique, il y a la valeur qui peut reposer sur l'espérance de vie de quelqu'un. Et là, nous sommes confrontés à la difficulté de situations particulières. Nous pouvons considérer qu'une personne très âgée n'a pas à être soignée en priorité face à une personne beaucoup plus jeune quand il faut choisir. Mais, attention, en faire une règle générale, c'est risquer de tomber dans des positions très dangereuses. Où met-on la limite, dans un sens comme dans l'autre ? Doit-on considérer qu'un enfant qui vient de naître est prioritaire face à une personne de trente ans ? Sur quels critères décider ? Pendant longtemps, quand une femme donnait naissance et que l'accouchement se passait mal, on a privilégié la vie de l'enfant. Les choses ont changé. Qu'est-ce qui peut permettre de faire un tel choix ?

Enfin il y a la valeur renvoyant à la manière dont on tient à sa propre vie. Ji-yeong, dans l'épisode 5, en est un bon exemple. Mais là encore, si elle consent à se sacrifier, il est difficile d'en faire une règle générale. Cela suppose, de nouveau, de donner un sens à ce qu'on appelle le « consentement »…

Chapitre 2

QU'EST-CE QUE LA DÉMOCRATIE ?

La démocratie, est-ce le vote ?

Il est un régime politique qui repose sur le consentement, l'engagement autour de règles communes et l'égalité de tous : la démocratie. Il semblerait néanmoins choquant de dire que l'univers de *Squid Game* est un univers démocratique là où il a davantage la forme d'un univers concentrationnaire. Pourtant, les candidats ont décidé de s'engager, ils ont pu voter pour en sortir, ils ont consenti à revenir en connaissant et en acceptant le contrat, ils suivent les mêmes règles et sont, en ce sens, mis dans une position d'égalité. Or, n'est-ce pas ce qui est au principe de toutes nos démocraties modernes ? Est-ce cela la démocratie ?

En effet, si les joueurs ont accepté de venir, c'est certes parce qu'ils étaient acculés et perdus, mais c'est aussi parce qu'ils y ont vu leur avantage. Pour eux, la vie dans le monde extérieur est devenue tellement violente et inégalitaire, que le seul moyen d'espérer s'en sortir est d'accepter d'entrer dans le jeu en signant un contrat avec des règles précises : chacun s'engage à participer au jeu sous l'autorité des organisateurs, mais si une majorité le souhaite, un vote peut permettre d'y mettre un terme. Cette majorité, avec un peu de suspens, se dégagera à la fin du premier épisode.

Mais c'est la confirmation de la violence extérieure qui ramènera 187 joueurs à la fin du deuxième épisode ; avec une différence : ceux qui reviennent le font en connaissance de cause, ils ont vu l'exécution des perdants et savent désormais qu'ils courent ce risque. C'est de nouveau un contrat qu'ils passent. Bien sûr, la brutalité de la vie réelle apparaît comme une contrainte, comme ce qui les pousse à accepter leur nouvelle condition, et ils ne le font pas de gaieté de cœur. Ce n'est pas une affaire de cœur mais de raison ; plus précisément, c'est le résultat d'un calcul rationnel. La cupidité, le désir de reconnaissance, les rivalités du monde extérieur ont fait de ces individus des perdants pour lesquels la vie n'est plus possible, mais ce sont ces mêmes passions qui les font mesurer qu'ils ont tout intérêt, malgré tout, à entrer puis à revenir dans le jeu. Or, il semble bien que nous soyons face à la forme de tout contrat au fondement de nos démocraties modernes, dont le premier à en définir la forme va être le philosophe anglais Hobbes.

Le contrat de Hobbes

Né en 1588 en Angleterre, où il meurt en 1679, Hobbes est l'un des pères de la philosophie politique moderne et l'un des penseurs de nos États modernes. Partant de la nature des hommes et de leurs passions, il en déduit que, si les hommes sont livrés à eux-mêmes, ils se retrouvent à vivre dans un état de guerre de tous contre tous et de chacun contre chacun, ce qu'il nomme l'« **état de nature** ». Dans un tel état, chacun risque à tout moment de perdre ses biens et sa vie parce que l'homme « est un loup pour l'homme ». Mais si les hommes sont animés de désirs et de passions, ils possèdent également une faculté, la raison, qui leur permet de réfléchir et de calculer. C'est ce calcul qui va leur permettre de trouver un moyen de sortir de cet état. Pour cela, ils se mettent d'accord et passent un contrat puisqu'ils ont tous quelque chose à perdre. Ce contrat consiste en un pacte de soumission dans lequel chacun abandonne son pouvoir et sa force à un pouvoir commun, à un souverain (un homme ou une assemblée) qui garantit la paix et la sécurité de tous. Ce pouvoir possède alors la force nécessaire pour contraindre les contractants à respecter leurs engagements, et ce parce qu'on ne peut se fier à la seule parole des gens et à leurs seules promesses d'engagement. Ce pouvoir n'est ni arbitraire ni despotique, il est souverain. Il porte un nom, le Léviathan, figure d'un monstre mythologique. C'est un monstre car il doit faire peur afin d'être sûr que les engagements soient respectés, mais il assure une égalité de tous les sujets qui se sont engagés sur le même contrat et il repose sur une décision. Cette approche qu'on nomme « **contractualiste** » est au fondement de nos conceptions de l'État moderne. Hobbes est l'un des premiers à penser véritablement l'égalité des sujets de droit, ce qui conduira à son inscription dans les Déclarations, cent cinquante ans plus tard.

Certes, dans le contrat que Hobbes énonce, il s'agit d'assurer la paix et la sécurité. Tel n'est pas le cas à l'intérieur de *Squid Game*. Un seul joueur verra finalement sa sécurité financière assurée et, en attendant, chacun se retrouve à craindre son voisin et à chercher des moyens de se regrouper avec d'autres pour ne pas être éliminé. Dans l'épisode 4, « L'équipe avant tout », surviennent étrangement de nouveaux événements. Lors de la distribution de nourriture, certains se sont servis deux fois et le joueur n° 101 se met à frapper et tuer. Alors que tous les joueurs sont par ailleurs déjà entourés par la mort, sanction pour les perdants, celle-ci apparaît cette fois comme un scandale : ce n'est pas juste ! À aucun moment nous ne voyons la vie extérieure susciter la révolte, mais là, l'assassinat d'un participant en dehors des règles définies paraît inacceptable.

Si le jeu reproduit finalement cet état de nature dont les hommes cherchent à sortir – avec la lutte pour la survie et la peur à chaque instant de mourir de manière violente –, les joueurs considèrent que, dans le contrat, la mort ne peut venir que du pouvoir auprès duquel ils se sont engagés, comme s'il y avait des meurtres légitimes et d'autres non. Là encore, c'est parce que le consentement et l'engagement opèrent la différence.

Par leurs engagements, tous les individus doivent se retrouver dans une condition identique, avec les mêmes droits et les mêmes lois auxquelles obéir. D'ailleurs, ils ont la possibilité de rompre le contrat et de sortir du jeu par un vote. Cette possibilité est pensée par Hobbes lui-même : « Personne ne peut abandonner son droit de se garder de la mort, des blessures et de l'emprisonnement, puisque ce n'est précisément que pour éviter tout cela qu'on abandonne tout droit[1]. » La vie et la sécurité sont une limite. En ce sens, le contrat signé pour entrer dans le jeu n'est pas le contrat de Hobbes, mais ce dernier ne peut-il pas y conduire ? Nos démocraties modernes n'ont-elles pas pu laisser naître des régimes barbares et cruels ? La brutalité du monde qui nous est décrite et que chacun dans le jeu cherche à fuir, n'est-elle pas celle de nos États modernes démocratiques dans lesquels la soumission à un ordre économique met régulièrement en péril la vie d'individus ? Faut-il alors parler d'illusion démocratique ? Y a-t-il alors encore un sens à croire en la démocratie ?

L'illusion démocratique, l'illusion du consentement

C'est forcé et contraint par la situation extérieure que les décisions de rejoindre le jeu ont été prises, mais ne vivons-nous pas en société parce que nous ne pourrions nous en sortir seuls ? N'est-ce pas parce que la vie dans l'état de nature est insupportable que nous sommes prêts à abandonner notre pouvoir et notre force en les déléguant afin de nous rendre la vie plus supportable ? Nous pensons alors la démocratie à partir du choix et du consentement, mais n'est-ce pas une illusion que de penser que nous choisissons ?

1. Hobbes Thomas, *Le Léviathan*, 1651.

LA CRITIQUE PLATONICIENNE DE LA DÉMOCRATIE

Platon, l'antidémocrate

Platon est né à Athènes en 428 av. J.-C. Il assiste à l'âge de vingt-neuf ans au procès de Socrate. Cet événement, qu'il vivra comme profondément injuste, marquera définitivement son entrée dans la philosophie. Il n'aura de cesse de réfléchir à ce que peut être une cité juste, une cité dans laquelle le plus juste des hommes pourrait vivre librement. C'est dans cette perspective qu'il opérera une critique de la démocratie. Auteur de nombreux dialogues, il fera intervenir dans presque tous le personnage de Socrate, qui, lui, n'a rien écrit. Il fondera une école à Athènes, l'Académie, qu'il quittera à plusieurs reprises pour se faire conseiller du tyran Denys de Syracuse, expérience qui sera un véritable échec. Il meurt à Athènes en 347 ou 346 av. J.-C.

C'est ici que réside peut-être la première illusion de la démocratie : croire que nous choisissons là où nous ne sommes finalement conduits que par nos désirs. Mais c'est là que réside également son danger. Pour maintenir l'ordre, pour continuer à faire croire à chacun des joueurs qu'ils ont des raisons suffisantes d'être là et que la disparition de leurs concurrents n'est pas la pire des choses, la tirelire transparente qui pend au plafond et qui se remplit au rythme des morts est bien présente. C'est ainsi, aux désirs que l'on s'adresse avant tout.

C'est ce que Platon ne cessera de critiquer dans la démocratie : elle est un régime séduisant parce que chacun a le sentiment qu'il peut donner son avis, mais elle laisse avant tout la place à l'ignorance et aux désirs. Elle devient alors le meilleur moyen pour qu'un tyran s'installe et prenne le pouvoir. En démocratie, la politique est le seul domaine dans lequel on ne fait pas appel aux spécialistes. Quand on est malade, on va chez le médecin quand la voiture est en panne, chez le garagiste et subitement, en politique, tout le monde estime qu'il peut donner son avis, en toute ignorance. On pense consentir mais on décide sans savoir. On pense que le vote a un sens, alors qu'il n'est que le résultat d'une manipulation ; et d'ailleurs, en tant que spectateurs, nous sommes nous-mêmes manipulés lorsque, à la fin de l'épisode 1, nous croyons que Oh Il-nam vote dans les mêmes conditions que les autres alors qu'il est l'organisateur de tout ce qui arrive. Nous sommes manipulés par les images, par les apparences, par l'histoire qu'on nous raconte... La démocratie laisse toute sa place à la démagogie et ne peut que dégénérer en tyrannie.

Ce pouvoir du peuple par le peuple est finalement dangereux et ne peut que mal finir, nous prévient donc Platon. C'est d'ailleurs un des problèmes de tout référendum lorsqu'il y a une expression directe du peuple : on vote oui ou non sans même être en mesure de connaître les conséquences de ce qui va advenir. Il a fallu attendre le lendemain du Brexit, le 24 juin 2016, pour qu'une partie de la population découvre un des grands partisans du « *leave* » dire en direct à la télévision non seulement qu'il ne savait pas ce qu'il allait se passer, mais que ce qu'il avait annoncé quant au transfert des fonds traditionnellement versés à l'Europe vers le service de santé ne pouvait pas être fait car cela n'avait rien à voir...

Cette ignorance des conséquences est présente partout. Dans *Squid Game*, au début du jeu, les participants s'engagent sans savoir ce qui va advenir. Ils ne connaissent en rien la nature du jeu. Même quand ils doivent décider des équipes, ils ne savent pas ce que sera l'épreuve, ni, finalement, s'il faut faire équipe avec des hommes ou avec des femmes, s'il faut être avec les plus forts physiquement ou les plus habiles...

QUEL PEUPLE ?

Derrière la critique de Platon se trouve, entre autres, une certaine conception du peuple. Si la démocratie est bien le pouvoir du peuple par le peuple, qu'est-ce qu'un peuple ? Pour Platon, le peuple, c'est avant tout l'ensemble des individus qui revendiquent le droit de participer à la vie politique. Or, ce terme de *peuple* peut renvoyer à différentes réalités. Il peut renvoyer à une réalité politique : c'est ce qui est proche du sens de *dêmos*, en grec, qui implique une communauté de territoire (un dème est une division administrative d'Athènes ; le *dêmos,* c'est l'ensemble des citoyens en tant qu'ils habitent la cité). Mais il peut renvoyer aussi à un sens social, quand on va dire « le petit peuple », ou à un sens ethnologique, quand on va désigner un ensemble d'individus ayant une appartenance culturelle commune…

Le peuple de *Squid Game* est un ensemble d'individus que rien ne rassemble sinon une situation sociale qui devient la contrainte à partir de laquelle ils agissent : Oh Il-nam est apparemment là avant tout parce qu'il est en fin de vie, Sang-woo parce qu'il est ruiné – tout en incarnant la figure de l'autochtone éduqué –, Ali est l'immigré étranger exploité, Deok-su l'étranger mafieux, Seong le Coréen victime de la crise économique…

Or, n'est-ce pas partiellement la réalité de nos démocraties que d'être constituées d'individus d'origines diverses qui sont contraints de réagir à partir de leur situation sociale, votant ainsi parfois au pied du mur ? N'est-ce pas aussi ce qui conduit à produire, de manière réactive, l'imaginaire d'un peuple se considérant dans sa dimension ethnologique ou culturelle, voire identitaire, attitude produisant des logiques d'exclusion ? Ali devient alors plus étranger que Deok-su…

Faut-il alors donner raison à Platon et opérer une critique de la démocratie ?

Quand la démocratie n'est en fait que despotisme

On veut l'égalité parce que l'inégalité nous paraît scandaleuse. Au moins, dans le jeu, tout le monde est à égalité, les règles sont simples, elles sont les mêmes pour tous. Tel paraît être l'idéal démocratique de nos États modernes : combattre les privilèges, les avantages, et penser les mêmes droits pour tous. C'est ce qu'avait déjà souligné le philosophe Tocqueville, au XIXe siècle, lorsqu'il était parti en Amérique pour observer la démocratie naissante. La démocratie n'est pas tant un régime qu'une mentalité. Les individus y sont animés par une passion de l'égalité. Mais le malheur, constate-t-il, est que la démocratie, en proclamant l'égalité des droits, conduit à produire des hommes tous semblables et égaux qui ne sont plus motivés que par la recherche de leur bonheur individuel ou de la satisfaction de leurs intérêts privés. C'est cette satisfaction qui devient alors le seul moteur d'action de l'homme démocratique moderne.

Tocqueville, penseur de la démocratie

Tocqueville (1805-1859) est un philosophe et homme politique français précurseur de la sociologie. Son œuvre la plus célèbre, *De la démocratie en Amérique*[2], constitue une analyse du système démocratique, de ses risques, de sa dynamique, mais aussi de ses vertus. Son succès lui vaudra d'être élu à l'Académie des sciences morales et politiques, puis à l'Académie française. Il participera à la rédaction de la Constitution de 1848, avant de se retirer de la vie politique à la suite du coup d'État de Louis-Napoléon Bonaparte.

Tocqueville parlera de « despotisme doux ». Loin de la violence de *Squid Game*, ce despotisme conduit à une dépolitisation des individus, que nous retrouvons malgré tout dans la série, à une atomisation de la société qui transforme les citoyens en consommateurs, consommateurs de biens, mais aussi consommateurs de leurs droits. S'il y a un sursaut

2. Tocqueville Alexis de, *De la démocratie en Amérique*, 1835.

de révolte collective à la fin de l'épisode 1, il disparaît définitivement par la suite, lorsque chacun décide de revenir.

Les démocraties modernes n'ont fait que développer l'individualisme, laissant peu à peu la place à un pouvoir autoritaire qui peut devenir violent. N'est-ce pas des démocraties qu'on pu naître au XXe siècle les régimes totalitaires ? Pas étonnant, si nous écoutons Tocqueville, qu'on se retrouve à avoir au XXIe siècle un tel désaveu de la démocratie. Ce sont cette atomisation de la société, cet individualisme, qui nous sont décrits alors, et c'est ce qui réjouit les VIP qui cherchent à voir le spectacle de la société dont ils sont sortis vainqueurs. C'est cette même atomisation qui conduit à considérer qu'un seul peut gagner. Il semble bien que l'aveuglement individualiste aille jusqu'à ruiner toute relation humaine. Comment d'ailleurs, si un seul peut gagner, un couple peut-il venir jouer ensemble ? Le mari ne supporte pas d'avoir gagné aux billes contre sa femme qui a été exécutée, mais comment pouvait-il en être autrement à la fin du jeu s'il ne peut y avoir qu'un vainqueur ?

Tel est le spectacle que nous montre *Squid Game*, la violence du monde, l'ultime étape quand la démocratie a produit ses pires travers. Et tout cela avec le discours du consentement de chacun, qu'il s'agisse des joueurs ou des gardiens…

Pas étonnant, nous dirait Nietzsche, que les individus en parviennent à consentir à une telle horreur. Tout au moins leur répète-t-on qu'ils ont consenti : « Vous avez le choix, il vous est toujours possible de décider *démocratiquement* de quitter le jeu. » Parce qu'on vote, parce qu'on croit choisir, parce qu'on est avant tout préoccupé par la recherche de la sécurité, on se précipite vers les pires régimes. Voilà ce qui nous est répété : « Vous avez choisi, le peuple a choisi, et l'autorité à laquelle vous obéissez, c'est le peuple. » Le summum de la manipulation consiste alors à faire croire que vous êtes responsable de ce qui vous arrive, responsabilité qu'il faut assumer.

Nietzsche, philosophe au chevet d'une civilisation malade

Nietzsche (1844-1900) est un philosophe allemand qui, selon sa propre expression, fait de la philosophie « à coups de marteau ». Si le marteau est ce qui détruit, il est aussi ce que le médecin utilise pour diagnostiquer un dysfonctionnement. Tout le projet de Nietzsche est de se pencher au chevet d'une civilisation malade et, partant des symptômes, d'en faire la généalogie. Il s'attache ainsi à accomplir jusqu'au bout ce geste de la philosophie qu'elle a rapidement trahi, à savoir la remise en cause de tous les présupposés. Comment en sommes-nous arrivés où nous sommes ? D'où vient que nous brandissons sans cesse des valeurs comme la vérité, la responsabilité, le progrès, la liberté de la conscience ? Derrière ces beaux discours, il faut soupçonner ce qui se trouve caché.

Tout cela est le résultat d'une longue histoire qui, sous prétexte de liberté, n'a fait que nous assujettir. Les joueurs ne sont pas libres, les gardiens ne sont pas libres, les VIP ne sont pas libres. La liberté de la volonté n'est qu'illusion. S'ils ont finalement, sous une forme ou une autre, tous consenti, en réalité ils ont surtout tous obéi. Car ce serait une illusion de penser que les riches organisateurs sont libres ; ils sont aussi le résultat de ce que nos sociétés contemporaines sont devenues. Les VIP eux-mêmes n'ont fait que mettre leurs compétences au service de l'opinion en étant capables de comprendre ce dont tout le monde a besoin et ils se sont enrichis. On devient ainsi, lors de l'épisode 7, spectateurs de la médiocrité des personnages.

Finalement, la démocratie, avec sa passion de l'égalité, avec l'individualisme qu'elle finit par développer, achève de faire de l'homme un être responsable. Cette passion est tellement prégnante que tous les candidats se retrouvent accrochés à la décision d'un seul lorsqu'il s'agit de voter pour savoir si le jeu continue, même si leur vie en dépend.

Mais d'où vient cette responsabilité ? Comment est-elle née ? Une des figures de *Squid Game* l'incarne parfaitement : le joueur n° 244, qui ne cesse de prier et de s'en remettre à Dieu. Nietzsche l'explique : tout cela s'est profondément installé avec le christianisme, qui a construit une pensée de la dette. Si j'ai commis une faute, c'est que j'en suis responsable et je dois alors me racheter. Le christianisme, nous dit Nietzsche, a inventé, entre autres, deux dimensions : l'égalité (devant Dieu) et la responsabilité. La démocratie moderne n'est que l'achèvement de cette invention, son installation dans des institutions comme l'État moderne. L'achèvement de l'extériorisation de la dette se trouve dans l'État moderne qui la contractualise. Le sujet de droit moderne a ainsi intégré le fait de devoir rendre des comptes à l'État qui est alors totalement en droit de le punir. Comme il s'engage dans le contrat, il a une responsabilité individuelle, mais c'est aussi parce qu'il est responsable qu'on considère qu'il s'est engagé…

L'État moderne démocratique n'a fait qu'assujettir encore plus les individus. Et Nietzsche, en prophète des temps à venir, nous annonce que cet État moderne risque de devenir « le plus froid des monstres froids[3] », expression qui n'est pas sans renvoyer au Léviathan de Hobbes. Cette froideur monstrueuse est ce que la modernité nous a fait connaître à travers les États totalitaires qui se sont développés au XXe siècle et dont les camps sont les laboratoires. Le régime soviétique prétendra ainsi établir une dictature du prolétariat provisoire comme transition entre l'État bourgeois et la disparition de l'État. Cette transition durera toute la période du régime soviétique et ne disparaîtra qu'avec la ruine du système. Le régime nazi prétendra sans cesse servir le peuple allemand pour son avenir et sa grandeur. Sous prétexte du bien de tous et contre le capitalisme et l'impérialisme américain, le régime de Pol Pot établira une dictature responsable de plus de 1,7 million de morts. Mais les démocraties libérales modernes, au nom de l'enrichissement de tous et du confort, laissent la place à une logique de consommation et de dépense des ressources qui fait des morts par millions, exclus d'un monde où ils n'ont plus leur place et dans lequel ils doivent lutter à mort pour réussir parfois à la garder. Ce sont les 50 000 morts par

3. NIETZSCHE Friedrich, *Ainsi parlait Zarathoustra*, 1883.

jour dans le monde à cause de l'extrême pauvreté ; ce sont les plus de 20 000 migrants morts en Méditerranée depuis 2014...

Cette froideur, c'est la mécanique de cette poupée qui scande les « 1, 2, 3... soleil » et c'est l'abattage tout aussi mécanique des perdants. Cette froideur, c'est la mort qui hante en permanence le spectacle de la survie.

L'État moderne fonctionne à plein régime lorsqu'il encadre et planifie la société selon les axes économiques, sociaux, idéologiques, culturels et politiques. En ce sens, il réduit au silence les puissances vitales et aliène les individus sans cesse sous contrôle. C'est pourquoi Nietzsche dira qu'il « porte la mort et anéantit la vie ». On peut penser que l'absence d'État risque de conduire au désordre, il n'en demeure pas moins que le risque inhérent à l'État est que, au nom du peuple, il développe des dispositifs d'aliénation et étende de manière diffuse son pouvoir. L'horreur tient alors au fait que tout le monde est embarqué. On pourrait voir comment de telles remarques résonnent quand, en renvoyant à la responsabilité de chacun et au nom de la solidarité, la moitié de la planète est contrainte de rester enfermée chez elle pour la santé, faisant de celle-ci une valeur en l'assimilant à la soumission à un ordre établi. La logique de pouvoir et d'enfermement trouve son accomplissement dans cet enfermement des forces vitales qui, paradoxalement, n'est pas assurée par l'État qui ne fait que réduire les possibilités de soins. La question revient à se demander où est la véritable maladie, du côté d'un virus mortifère ou de celui de nos sociétés qui parviennent à réduire les individus au silence ?

Malgré les couleurs acidulées des décors de la série, le tableau est sombre. Est-ce ce à quoi nous condamnent toute démocratie et plus particulièrement nos démocraties modernes ?

LES CONDITIONS DE LA DÉMOCRATIE

Dire que la démocratie ne peut se limiter au vote est une évidence. Il suffit de constater comment le vote est souvent une arme des dictateurs pour faire croire qu'ils sont là par la volonté du peuple. C'est ce que souligne Rousseau dans le chapitre III du livre I du *Contrat social* dans une célèbre formule : « Le plus fort n'est jamais assez fort pour être toujours le maître s'il ne transforme sa force en droit et l'obéissance en devoir[4]. » Donner à la force une apparence de légitimité, c'est à la fois se moquer du droit et reconnaître sa puissance symbolique en donnant à croire que la force est légitime. C'est au pied du mur que de nombreuses personnes choisissent.

Dans *Squid Game*, il est évident que, dans la vie réelle, les conditions économiques et sociales peuvent être une contrainte telle que la notion de consentement perd tout son sens. Le tour de passe-passe consiste alors à faire croire que la force est légitime et l'obéissance un devoir. En donnant une dimension morale à l'obéissance qui n'est en fait qu'une soumission à la nécessité, on produit l'illusion du consentement. Comme dans la célèbre fable du *Loup et l'Agneau*, on s'attache à persuader l'agneau que le loup a des raisons légitimes de le dévorer et que ce n'est finalement pas une affaire de force. Mieux encore, on fait croire à un contrat qui s'apparente finalement à celui que signeraient des esclaves ou des individus lors d'un armistice à l'issue d'un combat au cours duquel ils ont été écrasés. Mais, hors d'un exercice de la volonté, tout contrat perd son sens puisqu'il ne peut avoir de valeur que s'il est librement consenti.

Le consentement : mais à quel prix ?

C'est là que se rencontre une des difficultés de la démocratie, à savoir, une fois encore, le consentement. Si la démocratie est le pouvoir du peuple par le peuple, encore faut-il d'abord que le peuple se constitue volontairement en peuple et qu'il ne soit pas un simple agrégat d'individus qui ne se retrouvent ensemble que pour satisfaire des intérêts particuliers, et encore faut-il ensuite que ce peuple ne soit pas l'objet de contraintes extérieures trop fortes ou de manipulation et qu'il puisse décider en connaissance de cause.

4. Rousseau Jean-Jacques, *Du contrat social*, 1762.

Ces conditions peuvent sembler impossibles à réunir, et c'est la raison pour laquelle on rencontre de manière répétitive des critiques de la démocratie qui en réduisent l'idée à une simple validation de forces extérieures. Il n'y a ni bien commun ni volonté générale, mais seulement des intérêts particuliers, et les questions finalement posées à un peuple fantôme sont hors de portée de celui-ci qui n'est en réalité que manipulé.

Rousseau, l'un des grands penseurs de la démocratie moderne, nous dit bien que, pour que le pouvoir soit légitime, il faut que le peuple soit souverain et qu'il doit par un même geste se constituer unanimement en tant que peuple. Un peuple n'est pas un agrégat d'individus mais le résultat d'une association volontaire. Mais où est ce peuple ? N'est-il pas une fiction ? Dans ces conditions, ne sommes-nous pas confrontés à une parodie de la démocratie ?

C'est également face à ce constat que se construit le discours d'opposition du peuple contre les élites. Puisque le peuple est dépossédé de son pouvoir et de sa souveraineté, il faut qu'il puisse pleinement se la réapproprier en cessant d'être soumis à un ordre qui le dépasse. C'est le sens premier, sans le prendre nécessairement dans une dimension péjorative comme le terme est utilisé de nos jours, du populisme. Un premier constat consiste ainsi à souligner que la démocratie a finalement échoué parce que nos démocraties libérales modernes se sont construites sur le modèle des relations économiques. En économie, ce que l'on recherche, c'est le consensus : il faut faire en sorte que chacun trouve son intérêt même si quelque chose est perdu de chaque côté.

Poussée à l'extrême, une telle attitude renvoie à l'apparent consensus qui nourrit *Squid Game*. On est dans la tractation et la position, comme en économie, qui n'est pas nécessairement égale pour tous ceux qui négocient. Elle est même totalement parasitée par des rapports de domination. (On peut d'ailleurs remarquer que majoritairement, dans la série, les VIP ont un accent américain.) Mais, dans ces conditions, il est impossible de parler de souveraineté du peuple. La retrouver, c'est exiger de sortir de cette logique de consensus, c'est réaffirmer la politique face à l'économie. Mais, une fois encore, de quel peuple parle-t-on ? Qu'est-ce qui va permettre de le constituer ? Comment lutter contre une logique qui s'est imposée dans les esprits à un point tel que les individus consentent et qu'ils finissent par accepter les règles du jeu en remerciant parfois l'adversaire avant de mourir ?

C'est dans cette perspective, afin de comprendre pourquoi les individus consentent et ne se révoltent pas, que le philosophe italien Gramsci parle d'« hégémonie culturelle ».

Les États modernes sont composés d'appareils à dominante répressive comprenant les forces de coercition physique (l'armée, la police, la justice) et des organes de formation, des institutions culturelles, par lesquels la classe sociale dominante s'attache à obtenir l'adhésion, le consentement, ce qui est le propre des démocraties libérales : parvenir à établir le consensus. Ce consentement n'est produit que par le biais de ce que Gramsci nomme une « hégémonie culturelle ». Le monde de la culture est ainsi le terrain sur lequel le pouvoir s'engendre.

Gramsci et le renversement de l'ordre établi

Gramsci, philosophe italien, est né en 1891 et mort en 1937. Membre fondateur du Parti communiste italien, dont il fut un temps à la tête, il est emprisonné par le régime mussolinien de 1927 à sa mort. Dans ses cahiers rédigés en prison, il s'interroge sur les raisons qui font que la révolution de 1917 n'a pas pu gagner les autres pays d'Europe après la Première Guerre mondiale, alors que des populations entières avaient servi de chair à canon et se retrouvaient économiquement exploitées. Il pointe du doigt la différence entre la structure féodale de l'État russe qui a été renversé et celle de nos États occidentaux modernes. Ces derniers possèdent une forme complexe avec des corps intermédiaires multiples, ce qui fait que les idées dominantes ont pénétré toutes les strates de la société. Pour renverser l'État russe, il a suffi de s'attaquer directement à un pouvoir central. Mais, dans nos sociétés industrialisées, ce pouvoir s'est diffusé à tous les niveaux. Les idées ont gagné et, si l'on veut renverser l'ordre établi, il faut gagner la bataille des idées.

« Ce qui advient n'advient pas tant parce que quelques-uns veulent que cela advienne que parce que la masse des hommes abdique sa volonté, se laisse faire[5]. »

« L'exercice "normal" de l'hégémonie sur le terrain devenu classique du régime parlementaire est caractérisé par la combinaison de la force et du consentement qui s'équilibrent de façon variable, sans que la force l'emporte trop sur le consentement, voire en cherchant à obtenir que la force apparaisse appuyée sur le consentement de la majorité[6]. »

Mais il ne faut pas entendre par *culture* uniquement les objets culturels qui seraient ceux de l'élite, la culture est ce qui définit toutes nos pratiques quotidiennes, notre façon de vivre, notre vision du monde

5. Gramsci Antonio, *Cahiers de prison*, 1948.
6. *Ibid.*

et la manière dont nous pensons nos propres actions. La culture, c'est notre façon de percevoir, d'agir, de sentir. En organisant la culture, l'État organise ainsi le consentement sans lequel il ne peut assurer sa domination. Nous pouvons remarquer à quel point, ces dernières années, nombreuses sont les productions culturelles qui vont, par exemple, dans le sens de l'individualisme dominant, et comment fleurissent de toutes parts des ouvrages, des discours sur le développement personnel. Le progrès, grande idée de la modernité, n'est plus pensé comme un mouvement global d'émancipation collective, mais essentiellement comme celui de l'individu isolé. Au progrès s'est substitué le développement. Ce qui alors intéresse avant tout dans la philosophie est la manière dont l'individu va parvenir à mener son propre chemin, à se réconcilier avec lui-même au sein d'un monde dont on accepte la brutalité. Ce n'est donc pas le monde qu'il faut changer, mais soi, afin de trouver le moyen de s'en sortir. On va chercher dans la philosophie des discours antiques de sagesse pour mieux valider ces progrès : on se tourne vers Épicure, vers les stoïciens, on développe un discours de la volonté individuelle, ce qui ne fait finalement qu'entériner l'ordre établi. C'est cet individualisme triomphant qui est alors montré dans ses extrêmes et dans la violence de ses conséquences dans *Squid Game*, individualisme auquel la majeure partie des acteurs consent. Si parfois nous voyons émerger des moments de solidarité, c'est toujours à travers un consentement aux règles du jeu : Ji-yeong, qui se sacrifie lors du jeu de billes pour que Sae-byeok puisse sauver son frère, ne se scandalise pas et il y a une forme de fatalisme dans son attitude ; ou, pire, cette solidarité est rattrapée par la manipulation, comme l'attitude de Sang-woo avec Ali lors du même jeu de billes nous le montre. Et c'est dans le dernier épisode de la série que nous découvrirons que les meilleurs sentiments n'ont eux-mêmes été qu'un jeu.

Épicurisme et stoïcisme en réaction contre la corruption politique

Il est intéressant de remarquer que l'épicurisme et le stoïcisme se sont développés dans la Grèce antique en réaction contre la disparition d'une croyance dans la politique.

Au IVe siècle av. J.-C., Athènes, qui, au siècle précédent, avait connu sa grande époque, n'est plus à son apogée. De nombreuses rivalités traversent la cité. Peu à peu, la démocratie de l'époque classique a laissé place aux combats des démagogues et la vie politique n'est plus alors qu'un jeu des apparences. Platon, qui avait vécu comme la plus grande des injustices le procès et la condamnation de Socrate, n'avait eu de cesse de penser et de définir ce que pourrait être la cité juste, cette cité idéale dans laquelle le plus juste des hommes, Socrate, pourrait vivre librement ; Aristote voyait dans la cité le lieu de l'accomplissement de l'homme, cet « animal politique », considérant ainsi que celui qui vivait en dehors de la cité ne pouvait être qu'une brute ou un dieu. Mais la cité n'est désormais plus un modèle que la philosophie se doit nécessairement de penser. Sa décadence, ses divisions, ouvrent les portes d'une nouvelle manière de penser, sans abandonner pour autant cette recherche de la sagesse. Comment être sage et heureux en dehors de ce cadre qui ne peut plus être pensé comme lieu d'accomplissement ? Deux courants essentiels vont se développer : le **stoïcisme**, avec Zénon, qui fondera le « Portique » [*stoa* en grec] et qui développera une pensée du cosmopolitisme, dépassant ainsi le cadre de la cité, et l'**épicurisme**, qui va penser la vie en commun à travers une société réduite d'amis et de sages où la philosophie se pratique comme un mode de vie. Épicure fondera ainsi en 306 av. J.-C., non loin de l'Académie et du Lycée, à Athènes, son école, le « Jardin », à l'écart des soubresauts de la cité.

C'est la pénétration des idées dans toutes les sphères de la société qui produit le consentement, le fait que les individus ne voient pas de porte de sortie. C'est ainsi que, lorsqu'elle s'est attachée à mettre en place une politique néolibérale, Margareth Thatcher pouvait annoncer : « *There is no alternative.* » Il s'agit alors de produire une intériorisation des normes et des pratiques du pouvoir.

Là encore, le joueur perdant qui va mourir peut aller jusqu'à remercier son adversaire de l'avoir laissé participer… Sont produites des habitudes de comportement, des habitudes de consommation, des représentations telles que les individus finalement ne se révoltent pas.

Une des difficultés tient alors au fait que la révolte suppose que soit gagnée la bataille des idées contre celles qui se sont imposées. Il faut, dès lors, parvenir à incarner ce renversement, et il n'est pas évident de penser comment ce qu'on désigne sous le terme de *peuple* peut se constituer. Qu'est-ce qui peut alors permettre de produire ce renversement ? Un des points aveugles et qui parcourt certaines théorisations du populisme consiste à penser la nécessité d'un leader pour le mener. Le risque est alors qu'il prenne le pouvoir au nom du peuple en polarisant de manière radicale la société, en construisant une opposition entre « eux » et « nous ». La question demeure de savoir alors où est le peuple de la démocratie…

LA NÉCESSITÉ DU DÉBAT DÉMOCRATIQUE

Peut-être s'agit-il de penser d'abord ce qui est totalement absent de la série, à savoir ce qui est en premier lieu au cœur de la démocratie : la possibilité de débats et de confrontation des idées. Lorsque Aristote définit la politique, c'est à partir de la question du langage qu'il le fait. C'est parce que l'homme est ce seul être qui parle qu'il n'est pas, comme certains autres vivants, uniquement un être social, mais aussi un « animal politique ». Il n'est pas cet être qui échange simplement des biens, il peut échanger des idées parce qu'il est en mesure de les nommer. La politique, c'est le passage de la violence à la parole.

On retrouve cette idée, en réaction contre l'affirmation selon laquelle la démocratie n'est que la validation ultime de forces extérieures, à travers la notion de démocratie délibérative. Elle se définit par l'échange discursif entre les citoyens devant permettre de faire partager des conceptions du bien commun différentes et de faire ainsi entrer en jeu le pluralisme inhérent aux sociétés contemporaines. L'échange raisonné des arguments et la confrontation des points de vue doivent permettre d'élaborer des décisions finales. C'est alors que la notion de consentement peut reprendre sens. C'est parce qu'on échange en argumentant que l'on peut prendre la mesure de ce que l'on défend en se confrontant aux discours des autres.

Finalement, plutôt que de penser que la démocratie est une illusion et souffre en elle-même d'un défaut, il semble nécessaire de penser plus de démocratie, non pas en la simplifiant dans une opposition entre le peuple et les élites, mais en la complexifiant à travers l'exercice de débats à de multiples niveaux de la société.

Malgré des différences, nous retrouvons cette pensée chez des philosophes comme Habermas et Hannah Arendt.

Habermas, penseur de la démocratie moderne

Jürgen Habermas est un philosophe contemporain né en Allemagne en 1929, qui ne va cesser d'avoir une très grande influence dans les débats autour des questions politiques au cours de la seconde moitié du XXe siècle et au début du XXIe siècle. Ses analyses partent du développement d'espaces publics comme espaces de discussions à partir du XVIIIe siècle. Les réunions de salon et les cafés ont contribué à la multiplication des discussions et des débats politiques, ils ont nourri le renversement de l'Ancien Régime. Le pouvoir ne peut plus être accaparé par un seul. Ainsi, si peu à peu ces espaces se sont retrouvés au service des intérêts privés économiques, il convient, pour réactiver la démocratie, de redonner une place à cette dimension d'échanges et de communication. Dès lors, il s'agit de réfléchir à la manière dont les solutions rationnelles et les idées nouvelles naissent de discussions, sans pour autant considérer que la raison va de soi, qu'elle détermine *a priori* un accord.

Imaginons un vieux maçon qui demande à un jeune maçon d'aller lui chercher de la bière pour la pause déjeuner. La situation met en jeu trois domaines de réalité :

— le *domaine objectif*, soit ce que l'on peut décrire objectivement : « le débit de boisson est loin ou près », « on peut y aller à pied ou en voiture ». Nous sommes dans l'ordre des faits ;

— le *domaine social*, soit les normes auxquelles adhèrent les participants, par exemple l'autorité du plus vieux maçon sur le plus jeune ;

— le *domaine subjectif*, soit la personnalité et les goûts de chacun.

Chacun des types de proposition prétend à une validité universelle qui le rend compréhensible et discutable par les interlocuteurs. Dans l'interaction, les trois domaines sont toujours liés. Si le plus jeune va chercher la bière, c'est qu'il est d'accord pour dire :

1. que c'est possible ;

2. que le vieux maçon peut lui demander de le faire ;

3. qu'il n'y a pas d'objection du type « Je n'ai pas soif ».

L'accord mobilise les trois aspects. La définition de la situation doit être commune aux participants, sans quoi il faudra redéfinir la situation par la négociation et la discussion. C'est ce qu'Habermas appelle l'« agir communicationnel ».

Ici, pour la tradition, le vieux maçon a l'autorité et, tant que la tradition est acceptée, l'accord est implicite. Il n'y a donc pas d'action communicationnelle. Il n'y a d'action communicationnelle que lorsqu'il y a désaccord. Chacun cherche alors des arguments dans le monde vécu, et l'agir communicationnel renouvelle la tradition. C'est cet agir communicationnel qui doit réguler la société, et non le pouvoir ou l'argent. De là la nécessité de mettre en place une éthique de la discussion avec des règles. La rationalité ne se déploie alors plus par l'argent et le pouvoir, ce qui niait la liberté, mais dans la discussion.

Arendt : penser le totalitarisme

Hannah Arendt (1906-1975), philosophe américaine d'origine allemande, a consacré l'essentiel de ses travaux aux questions politiques. Après avoir fui l'Allemagne lors de l'arrivée du nazisme, s'être réfugiée en France où elle s'est retrouvée internée dans un camp, elle est parvenue à rejoindre les États-Unis, où elle passera le restant de sa vie. Philosophe, journaliste, politologue, elle ne cessera d'essayer de saisir les conditions qui ont conduit, dans la modernité, à une nouvelle forme de mal politique, dont la plus grande manifestation a été l'arrivée au xxe siècle des systèmes totalitaires. Elle s'attachera à montrer que ces régimes se développent sur le terreau d'une disparition de la politique qui suppose la confrontation des idées dans leur pluralité. C'est la réduction de l'activité humaine à des activités telles que le travail, c'est la soumission des individus à la satisfaction des besoins présentée comme la seule valeur organisant la vie en commun, qui accompagnent ainsi les dérives de nos sociétés modernes. Redonner sens à la politique, c'est retrouver la possibilité de ne pas échanger simplement des objets mais des idées, de les confronter afin de se forger des opinions prenant en compte la pluralité des hommes, là où les régimes totalitaires ont réduit cette pluralité à une succession de numéros.

Nous avons pris l'habitude de penser que la démocratie résidait dans le vote comme expression de la volonté alors même que nous pouvons constater l'existence de régimes liberticides dans lesquels les populations sont appelées au vote. On nous répondra que ce n'est pas un véritable vote mais une parodie au sens où le peuple est alors contraint et ne consent pas vraiment. Aussi, pensons-nous que la véritable démocratie serait celle dans lequel le peuple peut vouloir. Telle est la raison pour laquelle nous définissons la loi comme « l'expression de la volonté générale » puisqu'elle témoignerait de la volonté du peuple. Mais une telle conception, aussi évidente nous paraisse-t-elle n'est pas sans poser de multiples problèmes.

En effet, elle nous contraint d'abord à constater que le peuple se trouve souvent dépossédé de sa volonté, ne serait-ce parce qu'il ne peut pas voter quotidiennement chaque loi, que ses représentants risquent de ne pas toujours le représenter, qu'ils peuvent être aux mains d'intérêts qui ne sont pas ceux du peuple etc…Face à ce constat, nous entendons l'appel à plus de démocratie et chacun de son côté se réclame du peuple sans que l'on sache vraiment de quoi on parle précisément. Quel est ce peuple qui veut ? Où est-il ? Ne faut-il pas alors interroger ce que cette notion de volonté signifie ?

LA LIBERTÉ COMME EXERCICE DE LA VOLONTÉ

Un individu peut vouloir, il peut, par exemple, par un effort de sa volonté lutter contre ses désirs. Telle est la manière dont une grande partie de la tradition philosophique, depuis les stoïciens en passant par le christianisme, a pensé la liberté. Être libre c'est, par la volonté, ne pas être esclave de soi, c'est parvenir à se dominer soi-même. Telle est la figure du sage stoïcien qui est parvenu à lutter contre ses désirs et les délires de son imagination. Tel est également l'enseignement de Saint-Paul qui nous enjoint, par un effort, de lutter contre les tentations de la chaire. Telle est encore la position de Descartes qui nous explique en quoi la volonté peut lutter contre les désirs… Par extension, nous avons pensé la liberté politique comme manifestation de la volonté d'un sujet : le peuple. Le peuple, comme ensemble des citoyens, doit vouloir contre les intérêts particuliers de chacun et s'élever à l'intérêt général. Voter, c'est dominer les intérêts particuliers que nous avons en tant qu'individu égoïste, afin de nous conduire en citoyens. La liberté politique, au cœur de la démocratie, serait ainsi pensée à partir de la volonté : c'est la volonté générale dont Rousseau est le penseur et qui a fondamentalement marqué notre imaginaire politique. Comme l'individu singulier doit se dominer lui-même pour être libre en n'étant plus esclaves de ses désirs, le peuple devrait se dominer lui-même pour accéder à la liberté. C'est parce qu'ils n'y parviennent pas, c'est parce que les désirs de s'en sortir sont trop forts que les joueurs courent à leur propre perte en se condamnant à revenir dans le jeu et à mourir. Or, ce qui peut sembler vrai au niveau d'un individu, essayer de se dominer, a-t-il vraiment un sens lorsque l'on parle du peuple ?

LA LIBERTÉ POLITIQUE COMME POUVOIR D'AGIR

Le peuple n'est pas un sujet, il est d'abord une pluralité d'individus qui agissent ensemble ou qui essayent de le faire ; et pour agir ensemble, ils échangent, débattent, confrontent leurs points de vue. C'est parce que cette confrontation est possible, même si elle ne se fait pas sans tensions parfois, que des actions communes le deviennent, et c'est en agissant que les individus font l'expérience de la liberté. La liberté politique n'est pas une affaire de volonté, elle est une affaire de pouvoir. Être libre, c'est pouvoir agir et, en politique, cela se fait toujours en commun parce que nous ne vivons pas seuls. Elle n'est pas une question de volonté car nous pouvons toujours vouloir être libre dans une dictature, nous ne le serons pas si notre capacité d'action est réduite à néant ; et nous sommes plus libres dans une démocratie que dans une dictature parce que nous y pouvons mieux agir. Si les joueurs ne sont pas libres, ce n'est pas parce qu'ils ne veulent pas être libres, chacun le veut, c'est tout simplement parce qu'ils ne peuvent rien faire, parce que toutes leurs actions sont contraintes sous l'effet de la domination permanente qu'ils subissent. La toute première condition de la démocratie, c'est donc bien le débat qui rend possible l'action concertée là où le vote peut donner une illusion de liberté. Le débat démocratique est ce qui rend libre car il donne le pouvoir d'agir.

C'est d'ailleurs ce que la naissance de la démocratie athénienne nous enseigne, et c'est en faisant référence à cette dernière qu'Hannah Arendt mène son analyse soulignant comment la forme suprême de la domination au nom du peuple est ce que l'on trouve dans les systèmes totalitaires qui font du peuple un sujet à dominer, un ensemble d'individus tous identiques, qui ne sont plus que des numéros et non une pluralité d'individus ayant tous sur le monde des points de vue différents. Il s'agit donc de cesser de se réclamer d'un peuple déjà défini a priori, et de cesser de prétendre incarner sa volonté. C'est en agissant en commun que le peuple se constitue et toute action suppose un débat rationnel argumenté. Même s'il ne s'agit pas de prôner l'abstentionnisme, être en démocratie, ce n'est donc pas d'abord voter, c'est d'abord être en mesure de débattre et d'agir en commun. Tel est le sens politique de la liberté. Elle n'est pas un vouloir, elle est un pouvoir qui est toujours un pouvoir avec les autres.

L'ILLUSION DE LA SOUVERAINETÉ DU PEUPLE

Il ne faut donc pas se laisser tromper par des termes séduisants comme celui de souveraineté. La notion de souveraineté du peuple qu'il faudrait restaurer risque de n'être qu'un mot masquant la domination de celui-ci parce qu'elle n'est en fait que la manifestation de l'illusion selon laquelle le peuple pourrait vouloir. Or, le peuple ne veut pas. Il n'est ni un sujet, ni un individu. Le peuple ne peut se constituer que dans le débat public et l'action commune et c'est bien ce débat dont sont privés tous les joueurs de Squid Game. Voter pour savoir si le jeu continue ne consiste qu'à être à la merci des désirs d'individus qui sont pris dans une lutte avec eux-mêmes sans à aucun moment avoir à se justifier devant les autres. C'est dans la solitude que chacun, lors de la fin du premier épisode, s'avance pour faire part de son choix lorsqu'il s'agit de décider si le jeu doit continuer ou non. Certes, l'appel constant à une restauration de la souveraineté suscite souvent l'enthousiasme parce qu'il nous semble être ce moyen de recouvrer sa liberté, mais il contient toujours le risque de se transformer en une logique de la domination tout en faisant croire qu'elle relève d'une volonté du peuple… Ce n'est pas la souveraineté qui rend libre, mais l'action concertée.

« Si les hommes veulent être libres, c'est précisément à la souveraineté qu'ils doivent renoncer »[7]

Bilan
Égalité des droits, mais quels droits ?

Une telle approche et revalorisation de la démocratie contre ses détracteurs reconnaît alors immédiatement l'affirmation d'une égalité des droits. Telle est bien sûr la condition pour que l'on puisse parler de démocratie. Mais de quels droits s'agit-il ? Du droit de participer ? Les joueurs, en ce sens, ont des droits, comme celui de réussir dans la vie. Seong Gi-hun a pu participer à la logique de l'enrichissement que la société offre et a échoué ; il a pu, pour ce faire, engager les biens de sa mère, il aurait aussi pu s'y refuser. Cependant, il apparaît immédiatement que les conditions économiques et sociales ne donnent pas les mêmes droits, ou tout au moins ne permettent pas d'en faire le même usage.

C'est la critique des droits de l'homme que développera Marx au XIXe siècle. Là où la Révolution française a affirmé l'égalité des droits de tous les citoyens, elle s'est bien attachée à se limiter à certains droits. Affirmer l'égalité à travers le droit à la propriété, le droit à la sécurité des biens et des personnes, etc., c'est énoncer une égalité formelle mais non réelle, car que peut faire du droit à la sécurité des biens celui qui ne possède rien ? Nous le voyons encore, les droits sont dépendants d'une situation économique et sociale et sont vides pour ceux qui ne possèdent rien ou qui se trouvent au bas de l'échelle. Affirmer de tels droits, c'est ne pas prendre en compte l'état de la société ; mieux, c'est l'entériner. C'est pourquoi une juste égalité suppose aussi une égalité de conditions. Autre manière de souligner que les joueurs ne peuvent pas être en mesure de choisir et d'exercer véritablement leurs droits...

La question du consentement ressurgit.

---

7. HANNAH Arendt, « Qu'est-ce que la liberté ? » dans La crise de la culture.

Marx, critique des illusions de la conscience

Comme Nietzsche, qui s'attache à dévoiler ce qui se cache derrière les valeurs qui organisent nos sociétés, nos pensées et nos vies, Marx (1818-1883) va montrer comment, derrière la manière dont nous pensons, dont nous agissons, se cache le déterminisme des structures sociales qui sont construites à partir de rapports économiques. Ainsi, contrairement à toute position idéaliste qui définit l'homme comme l'auteur de ses actes et de ses décisions grâce à l'activité de sa conscience et de sa volonté, il ne cessera de montrer que « ce n'est pas la conscience des hommes qui détermine leur existence, mais les structures sociales qui déterminent leur conscience. L'exemple des droits de l'homme en est une belle illustration au sens où ils apparaissent comme servant les intérêts de la classe économiquement dominante, là où ils suscitent l'adhésion de tous comme pensée dominante ».

C'est alors la question des rapports entre l'État et la société qui se trouve posée. Si l'État est ce qui permet d'assurer l'égalité des citoyens, jusqu'à quel point doit-il intervenir afin d'égaliser les conditions d'existence ? Faut-il imposer cette égalité au nom d'une justice véritable ou toute intervention de l'État conduit-elle à attenter à la liberté des individus ? Nous retrouvons l'une des formes du débat que nous avons pu rencontrer avec la question de la propriété de soi lorsque nous nous demandions si nous avions le droit de nous vendre ou de disposer entièrement de notre corps et de nous-mêmes. Il est clair que nous sommes contraints de constater que, sans une égalisation des conditions, l'égalité des droits ne signifie pas grand-chose. Il est difficile de penser que des individus puissent exercer pleinement leurs droits de citoyens lorsqu'ils sont acculés par des conditions sociales et économiques désastreuses. Mais d'un autre côté, si l'État intervient afin de poser une égalisation des conditions pour que les individus puissent librement délibérer, choisir et consentir, alors ne porte-t-il pas paradoxalement atteinte à la liberté des individus sachant que ce n'est pas volontairement que les individus les plus favorisés se délesteront de ce qu'ils possèdent ?

Penser les conditions de la démocratie exige que la société soit juste, et pourtant, cette justice peut se faire au détriment de la liberté, alors même que la démocratie a pour fin et pour condition la liberté… Le problème se pose d'autant plus que l'histoire nous a montré que les pays qui ont voulu imposer une égalisation des conditions sociales ont pu conduire à des régimes totalitaires, tel qu'en URSS. Cela nous ferait alors pencher vers l'affirmation de la liberté face à la justice.

Toutefois, ce serait oublier que cette revendication de la liberté face à la justice peut conduire à des régimes dans lesquels la violence ne cesse de s'exprimer, comme *Squid Game* nous le donne à voir à chaque minute, et qui n'offrent qu'une liberté fictive : dans la série, les joueurs ne sont pas libres de choisir, les gardiens n'ont finalement qu'à obéir, et même les organisateurs du jeu sont prisonniers d'un système auquel ils ne font que se soumettre. Au nom de la liberté peuvent également être commises les pires atrocités.

Notre précédent débat revient : il faudrait une justice réelle pour que les individus puissent consentir, mais une telle justice se fait au détriment de la liberté. Alors, justice ou liberté ?

Chapitre 3

LA JUSTICE

La justice comme valeur morale : vaut-il mieux être victime ou bourreau ?

Ce sont bien les inégalités économiques, sociales, territoriales, qui poussent les joueurs à risquer leur vie et à entrer dans un « jeu de la mort » avec les autres. Mais cela suppose le consentement de tous ceux qui participent : les joueurs, les gardiens, les organisateurs. Si les motivations ne sont pas les mêmes, il y a bien une acceptation généralisée d'une logique de consommation. Certes, celle-ci prend des formes différentes : d'un côté il y a ceux qui subissent l'injustice, de l'autre ceux qui la commettent ; d'un côté les faibles, de l'autre les forts. Quel est le meilleur côté ? Vaut-il mieux être victime ou bourreau ?

Qu'on pose à chacun cette question, et la réponse vient assez spontanément : il vaut mieux être du côté de la force. Il vaut mieux commettre l'injustice que la subir, être bourreau que victime, ne serait-ce qu'au nom de la vie ou de la survie. Seule, au premier abord, la pensée d'une punition à venir pourrait conduire à y réfléchir à deux fois. Mais le châtiment n'est jamais certain. Il relève soit d'une croyance – c'est la position religieuse qui pense un châtiment divin dans une autre vie –, soit d'une probabilité – à savoir que ceux qui subissent l'injustice auront, un jour, les moyens de demander réparation en ayant la force de leur côté. En revanche, celui qui est victime va souffrir de manière sûre et certaine. D'autant plus qu'il existe des crimes parfaits, des crimes ignorés des dieux et des hommes, des crimes sans témoin. Ainsi, le simple calcul nous conduit immédiatement à préférer être bourreau que victime.

Pourtant, être bourreau n'est jamais innocent. Et si je commets un crime, quand bien même personne ne serait là pour le juger, je demeure le témoin de ce que j'ai fait et j'aurai toujours à vivre avec moi-même. Est-ce néanmoins un argument suffisant pour dire qu'il vaudrait mieux être victime que bourreau ? Cela semble bien faible pour plusieurs raisons.

Tout d'abord, on peut remarquer que de grands criminels peuvent continuer à vivre en toute bonne conscience, sans éprouver ni remords ni regrets, sans n'avoir aucun poids sur leur conscience. Ensuite, même si je me sentais coupable, ce poids semble moins lourd que le mal physique que je devrais supporter en tant que victime, mal qui peut aller jusqu'à la perte de ma vie.

Cette thèse selon laquelle il vaut mieux commettre l'injustice que de la subir est défendue par Gorgias, un interlocuteur de Socrate dans un dialogue de Platon. Socrate va y répondre avec l'argument suivant : le mal qu'éprouve celui qui commet l'injustice est d'une autre nature que celui qu'éprouve sa victime, c'est un mal moral. Toute sa vie, il aura à vivre avec. On peut penser que cela est faible comparé à la souffrance physique, voire à la mort. Et l'on comprend qu'à choisir on préfère encore faire souffrir que souffrir. Mais la morale n'est pas une affaire de désirs : ce n'est pas parce que je désire tuer mon voisin que c'est bien de le faire ! Ainsi, d'un point de vue moral, il vaut mieux subir l'injustice que de la commettre, et ce parce que, avant d'être un rapport aux autres, la morale est un rapport à soi et la justice est une valeur morale. C'est d'ailleurs pourquoi le spectacle de l'injustice nous scandalise. Quel menteur voudrait partager sa vie avec un autre menteur ? L'injuste méconnaît le mal qu'il s'inflige car vivre en compagnie d'une âme malsaine est la pire des choses. Ce scandale de l'injustice, nous pouvons, dans la série *Squid Game*, l'éprouver dans le face-à-face entre le policier qui s'introduit sur l'île et son frère. Si ce dernier semble d'abord être celui qui s'en sort, que vaut sa vie ? Son frère, qui était venu pour le sauver, ignorant le rôle qu'il jouait finalement dans le jeu, n'est pas bêtement naïf, il ne peut supporter de vivre dans l'injustice. Il faut alors bien reconnaître que la justice est une valeur et qu'elle ne se mesure pas à l'aune de mon avantage personnel.

Gorgias ou l'art de la rhétorique

Gorgias est un dialogue de Platon portant le nom d'un célèbre sophiste de l'Antiquité qui professait la rhétorique. Il oppose le sophiste et ses disciples, qui défendent l'idée selon laquelle la rhétorique est le meilleur de tous les arts, à Socrate, qui y voit avant tout l'art du mensonge. La rhétorique peut permettre de défendre le criminel, et même de le sauver. Les disciples de Gorgias défendent cette idée au nom du fait que rien n'est absolument juste, que tout est relatif. L'essentiel est alors d'utiliser tous les ressorts de la parole, ses pouvoirs, pour persuader et séduire. Mais, dans ces conditions, il vaut mieux alors commettre l'injustice que de la subir. Cette position est pour Socrate inacceptable parce que la justice est une valeur.

Pourtant les exemples d'individus vivant bien le fait de se comporter comme des ordures ne manquent pas. C'est sans scrupules que les VIP se délectent du spectacle de la lutte à mort des joueurs, c'est encore sans scrupules que des criminels ont pu organiser des exécutions de masse lors des génocides du XXe siècle. À cet égard, le procès Eichmann à Jérusalem, l'un des grands procès de l'après-guerre, est riche d'enseignement. Devant le tribunal, Eichmann n'a fait part d'aucun regret lorsqu'il fut accusé d'être l'un des grands instigateurs de la « solution finale » ; il a banalement justifié son attitude en invoquant les ordres auxquels il obéissait. Il s'est présenté comme un simple exécutant, le simple rouage d'une machine, mais sans jamais condamner la machine. Obéir était un devoir, a-t-il précisé, allant jusqu'à invoquer la morale kantienne considérant que faire son devoir c'est obéir à la loi. Il a bien sûr oublié de préciser quelle loi. Car si Kant nous dit que faire son devoir consiste à obéir à la loi morale, il s'agit d'une loi universelle dont la source est la raison. La loi à laquelle Eichmann obéissait n'avait rien d'universel, c'était la loi du IIIe Reich, qui commençait par exclure toute une partie de l'humanité.

Mais cette absence de scrupules va encore plus loin. Si durant son procès Eichmann a finalement fait un peu profil bas, ce n'est pas le cas dans une interview qui a été retrouvée par la suite et qu'il avait donnée lorsqu'il était, le croyait-il, à l'abri en Argentine. Il y déclare qu'il a un grand regret, c'est qu'il y ait encore un juif vivant sur Terre... Manifestement, contrairement à ce qu'induit Socrate, il parvenait très bien à vivre avec lui-même malgré les horreurs commises.

Eichmann, un criminel sans scrupule et sans regret

Eichmann est un membre du parti nazi qui fut responsable de la logistique de la « solution finale ». Il fut capturé en 1960 par le Mossad à Buenos Aires, en Argentine, où il vivait depuis plus de dix ans après s'être échappé d'Allemagne. Un procès retentissant eut lieu à Jérusalem à partir d'avril 1961. La philosophe Hannah Arendt fut chargée par *The New Yorker* de couvrir le procès et en publia un livre, *Eichmann à Jérusalem*[1]. Après avoir travaillé longuement sur la question du totalitarisme, elle y voyait l'occasion de le rencontrer « en chair et en os ».

1. ARENDT Hannah, *Eichmann à Jérusalem*, 1963.

On trouvera donc toujours sans difficulté des individus qui préfèrent commettre l'injustice que la subir. Mais que vaut leur vie ? Une des particularités d'Eichmann est qu'il était dans l'incapacité de partager le monde avec les autres hommes. C'est ce que souligne Hannah Arendt à la fin de l'ouvrage qu'elle consacre à son procès. Alors qu'Eichmann, condamné à mort pour les crimes commis, vient d'être exécuté, elle énonce ce qui pourrait être la justification d'une telle sentence : « Puisque vous avez soutenu et exécuté une politique qui consistait à refuser de partager la terre avec le peuple juif et les peuples d'un certain nombre d'autres nations comme si vous et vos supérieurs aviez le droit de décider qui doit et ne doit pas habiter le monde, nous estimons qu'on ne peut attendre de personne, c'est-à-dire d'aucun membre de l'espèce humaine, qu'il veuille partager la terre avec vous. » Quel monde veux-je, en effet, partager avec le criminel ?

On peut infliger une peine en cherchant à rendre compte de sa proportion avec le crime commis, mais là nous sommes face à un crime qu'on ne peut ni « punir ni pardonner », nous dit-elle. Cependant il y a une exigence qui s'impose, à savoir qu'Eichmann ne puisse plus faire partie du monde car il ne peut pas le partager. Certes, Eichmann n'avait aucun scrupule, mais c'est justement par cette attitude qu'il se met en dehors de l'humanité.

Si la justice est une valeur, c'est parce que nous ne vivons pas seuls mais avec une pluralité d'autres hommes. Pour moi, je ne suis pas qu'un. Je peux m'interroger sur ce que je fais, sur ce que je dois faire, sur ce que j'éprouve, sur ce que je ressens, c'est en ce sens que je suis témoin de moi-même. Mais pour les autres que je rencontre, avec lesquels j'échange, avec lesquels je justifie ce que je fais, devant lesquels je dois répondre, je ne suis qu'un, je suis moi. Ce va-et-vient entre ces deux dimensions de moi-même est ce qui fait de moi un être humain, c'est-à-dire un être qui pense. La pensée ne consiste pas uniquement à s'isoler, enfermé dans sa solitude ; penser, c'est aussi être conduit à confronter sa pensée à celle de ceux avec lesquels nous vivons, et par là même à nous interroger et à être témoins de nous-mêmes et de ce que nous pensons dans la solitude. Bien sûr, il est toujours possible d'être de mauvaise foi, de ne pas s'interroger, de ne pas questionner ce que l'on pense, mais alors on ne pense pas et, sans cela, aucune discussion, aucun dialogue ne sont possibles.

C'est pourquoi Hannah Arendt nous dira qu'Eichmann n'était « pas stupide, mais d'une bêtise révoltante », et ce parce qu'il ne pensait pas et était incapable de se mettre à la place des autres. Il est alors aisé de transposer une telle analyse aux VIP de *Squid Game*, mais aussi de saisir comment il est demandé aux gardiens de se comporter de manière uniquement mécanique dans un anonymat qui consiste à ne jamais se présenter aux autres : tous les exécutants sont masqués, tous les organisateurs le sont aussi, n'offrant aucun visage aux autres.

Au regard d'intérêts particuliers, il peut être préférable, au premier abord, de commettre l'injustice que de la subir, mais au regard de ce que nous sommes, à savoir des êtres humains, il vaut mieux la subir que la commettre, ne serait-ce que pour être en mesure de vivre avec soi-même, à moins qu'on considère que la vie humaine a un sens et est possible en niant l'existence des autres. Considérer qu'il vaut mieux commettre l'injustice que de la subir, c'est donner un sens à l'univers de *Squid Game*, c'est accepter que l'existence humaine se réduise à un monde inhumain. Mais comment la vie est-elle possible dans un tel monde ? Qui voudrait poser comme modèle une telle existence quotidienne ? Qui voudrait vivre en permanence avec un criminel ? Il vaut donc mieux subir l'injustice que de la commettre.

Mais il faut bien constater que cette affirmation seule ne suffit pas et qu'elle témoigne de sa faiblesse quand il s'agit d'une question de vie ou de mort, quand la vie n'est plus qu'une question de survie, quand nous nous retrouvons au cœur d'un univers inhumain. La catastrophe est d'être finalement dans un monde où la seule option serait de préférer être bourreau que victime, quand bien même nous reconnaîtrions que la justice est une valeur. Dans un monde où la vie devient impossible, dans un monde où la vie ne tient qu'à un fil, cette question prend une tournure bien abstraite, elle nous apparaît encore comme si elle se présentait sous la forme d'une alternative, comme s'il y avait un choix. Choix qui, comme dans *Le Choix de Sophie*, n'en est finalement pas un…

Ainsi, se poser la question de la valeur de la justice semble inséparable d'une interrogation sur le monde dans lequel elle peut se poser. Si les joueurs de *Squid Game* sont dans un consentement fabriqué, c'est parce qu'ils sont acculés et prisonniers d'une logique qui les dépasse. S'ils font des choix qui n'en sont pas, c'est parce que les conditions dans lesquelles ils vivent ne leur permettent pas de véritablement choisir. Il est aisé de constater que le monde extérieur n'est pas juste. L'univers du jeu ne l'est pas davantage parce que le consentement est illusoire et que la soumission à des règles, quand bien même seraient-elles les mêmes pour tous, est le produit de ce faux consentement. Dès lors, il faudrait penser une société juste dans laquelle le consentement reprendrait tout son sens. Mais qu'est-ce qu'une telle société ?

Qu'est-ce qu'une société juste ?

LA JUSTICE, EST-CE L'ÉGALITÉ ?

Si l'on définit comme juste une société dans laquelle chacun a les mêmes droits, voire les mêmes chances, rien n'est vraiment injuste dans *Squid Game*, si ce n'est le fait que des individus jouent avec la vie d'autres individus qui n'ont finalement pas le choix. L'injustice réside avant tout dans l'inégalité des conditions qui contraint les joueurs à participer. C'est alors une égalisation des conditions économiques et sociales qui devrait permettre de donner sens et valeur à toute décision et à tout engagement, et ce parce que personne ayant une vie confortable ne va prendre de tels risques pour participer à ce jeu de massacre. Or l'égalisation des conditions risque à tout moment de se faire au détriment de la liberté. Ce débat est celui de la tension entre ce qu'on nomme les droits-libertés et les droits-créances.

Deux types de droits : les droits-libertés et les droits-créances

À la fin du XVIIIe siècle, on pense avoir réglé la question de la justice à travers une égalité des droits et la souveraineté du peuple. L'égalité est pensée comme égalité des droits en rupture avec tout système féodal ou aristocratique reposant sur une hiérarchie des individus et des privilèges, et la loi est définie comme l'expression de la volonté générale du peuple. « Tous les hommes naissent libres et égaux en droits. » (Déclaration des droits de l'homme et du citoyen de 1789.) « La souveraineté réside dans le peuple ; elle est une et indivisible, imprescriptible et inaliénable. » (Constitution de 1793.) Or, force est de constater que cela ne fait pas disparaître les inégalités sociales. Les mutations de la révolution industrielle les rendent encore plus visibles. De là la nécessité, à côté des droits fondamentaux, d'affirmer des droits sociaux, comme le droit au travail, au repos, à la sécurité matérielle, à l'instruction, à un niveau de vie suffisant, à la santé, à l'éducation... Ce qui va conduire à une opposition entre deux conceptions de l'État : une conception libérale de l'État devant se borner à garantir aux citoyens le maximum de possibilités d'action compatibles avec l'existence d'une société et dont l'intervention est faible ; et une conception – héritière de la tradition marxiste – de l'État fort, fournissant des services et susceptible de répondre à des demandes dont on pose qu'elles sont justes au sens d'une justice distributive (donner ou rendre à chacun ce qui lui revient). D'un côté, un État minimal se bornant à protéger l'indépendance des individus ; de l'autre, dans la logique du complément de la justice par la justice sociale, la perspective d'un État puissant capable de participer à l'engendrement d'une démocratie sociale tendant non plus vers l'égalité politique, mais vers l'égalisation au moins partielle des conditions matérielles. C'est la tension entre le libéralisme d'un côté et le socialisme de l'autre, entre les droits-libertés et les droits-créances.

Affirmer uniquement des droits fondamentaux, c'est considérer que les participants sont libres de choisir et de s'engager. Certains ont pris des risques dans leur vie et ils ont perdu. Sang-woo a fait des placements hasardeux et, s'il se trouve contraint de faire partie de ce jeu de la mort pour s'en sortir, cela en est la conséquence. Certes, il y a des inégalités économiques et sociales qui ne relèvent pas de paris risqués : Ali est dans une condition précaire car il est immigré, Seong a perdu son emploi et sa famille, Sae-byeok a échoué dans sa tentative de fuir la Corée du Nord avec sa famille, Deok-su est embarqué dans des dettes à cause de ses comportements mafieux, etc. On voit alors difficilement au nom de quoi on pourrait justifier une totale égalisation des conditions qui se ferait finalement au détriment de ceux qui ont réussi. L'imposer reviendrait à porter atteinte à leur liberté.

C'est en poussant ce raisonnement que le néolibéralisme va proclamer le refus de toute intervention de l'État sur le terrain social. L'idée est que toute revendication en vue d'une égalité des conditions matérielles va avoir pour conséquence l'engendrement d'un système totalitaire.

Hayek et le néolibéralisme

Friedrich Hayek (1899-1992), lauréat du prix Nobel d'économie en 1974, s'attache à montrer que nul ne peut appréhender le monde dans sa complexité, y compris les gouvernants. Tout projet de société collectiviste, toute tentative de gestion rationnelle et globale de la société, ne tiennent nécessairement pas compte de l'autonomie des personnes et de l'imprévisibilité de leurs actes, et sont voués à l'échec. Par « constructivistes », Hayek désigne principalement les socialistes, mais également les « conservateurs » qui entendent modeler la société conformément à leur idéal. Or, les sociétés sont complexes et il est impossible de parvenir à une connaissance complète de leur fonctionnement. Il faut reconnaître la vertu de l'ignorance.

Les comportements qui permettent à la société de fonctionner de façon satisfaisante et efficace ont été sélectionnés et transmis à travers les générations sous forme de règles et de valeurs, et jamais personne n'a pu et ne pourra parvenir à la compréhension détaillée de l'ensemble du mécanisme qui fait passer d'une somme de comportements individuels à un effet collectif, compréhension qui seule permettrait de justifier rationnellement ces règles et ces valeurs.

« Alors que l'égalité des droits dans un gouvernement limité est possible en même temps qu'elle est la condition essentielle de la liberté individuelle, la revendication d'une égalité matérielle des situations ne peut être satisfaite que par un système politique à pouvoirs totalitaires[2]. »

Pourtant, toute situation n'est pas identique et ce n'est pas la même chose d'être un réfugié fuyant un pays en guerre ou un régime totalitaire et d'être un gangster mafieux. En outre, affirmer ainsi la liberté contre la justice sociale et considérer que la justice sociale conduit nécessairement au totalitarisme, c'est oublier les régimes que cette revendication a pu produire.

Quand Hayek aborde ces dangers du totalitarisme, il a bien sûr en ligne de mire le bloc de l'Est pendant la guerre froide, notant comment, au nom d'un égalitarisme, on a supprimé les libertés. Le totalitarisme

2. Hayek Friedrich, *Droit, législation et liberté*, 1973.

soviétique en est une bonne illustration et il s'est accompagné d'exterminations de masse, de violence et de brutalité. Mais on ne peut inversement ignorer certaines des déclarations d'Hayek qui, au nom de la liberté individuelle, justifient la suppression des droits fondamentaux. C'est ainsi qu'il pourra déclarer à propos de Pinochet : « Personnellement je préfère un dictateur libéral plutôt qu'un gouvernement démocratique manquant de libéralisme[3]. »

« J'ai vu dans certains pays d'Amérique du Sud les progrès les plus extraordinaires. Dans ce pays si décrié qu'est le Chili, la restauration de la seule liberté économique et non de la liberté politique a conduit à une reprise économique absolument fantastique. Vous pouvez avoir une liberté économique sans liberté politique mais vous ne pouvez pas avoir de liberté politique sans une liberté économique[4]. » Ajoutera-t-il.

Squid Game nous montre ainsi quelles peuvent être les conséquences d'un discours revendiquant la liberté, le choix et la responsabilité en oubliant les conditions sociales d'existence. La liberté réelle n'est alors que la liberté économique au détriment de toute liberté politique et de toute justice réelle.

Bilan

Comment alors penser une société juste sans pour autant attenter aux libertés ? Comment penser une société juste dans laquelle les individus pourraient agir librement, dans laquelle le consentement ne serait pas uniquement subi ?

3. Entretien avec le quotidien chilien *El Mercurio*, 12 avril 1981.
4. Interview de Hayek, « New Vogue for Critic of Keynes », *The New York Times*, 7 mai 1979.

Peut-on concilier justice et liberté ? Ce sont ces questions auxquelles le philosophe américain John Rawls va tenter de répondre.

LA JUSTICE, ÉGALITÉ OU ÉQUITÉ ?

Rawls, penseur de la justice

John Rawls (1921-2002) est un philosophe américain qui a profondément réformé la réflexion sur la justice. Depuis la publication de son ouvrage *La Théorie de la justice*[5], l'essentiel des réflexions contemporaines sur ce sujet part d'un prolongement ou d'une discussion de ses théories.

Le raisonnement de John Rawls est le suivant : supposons que nous soyons dans une situation telle que nous ayons à décider quels principes et quelles règles vont organiser la vie en commun que nous allons mener avec d'autres sans savoir par avance quelle place nous aurons au sein de cette communauté. Nous ne savons rien à propos de notre sexe, de notre âge, de nos moyens financiers, de notre état de santé… Quels sont alors les principes que nous voudrions rationnellement ? Si dans cet état d'ignorance nous sommes raisonnablement égoïstes et doués de raison, sur quels principes généraux de répartition pouvons-nous nous accorder ?

5. RAWLS John, *La Théorie de la justice*, 1971.

Choisir à la place de son pire ennemi

Cela ne veut pas dire que nous sommes placés dans une situation d'altruisme angélique puisque nous allons choisir dans notre seul intérêt. Mais l'ignorance fait qu'on ne peut s'en tenir au seul point de vue égoïste. Si nous ignorons tout de nos propres capacités personnelles, de nos idéaux, de notre sexe, de notre âge... nous allons raisonner comme si notre pire ennemi devait nous assigner notre place dans la société et nous choisirons les principes qui ont le plus de chances d'améliorer la situation des plus défavorisés. Nous choisirons de nous protéger au maximum des risques et de minimiser les pires possibilités. De là les deux principes énoncés par Rawls :

— **Premier principe :** chaque personne doit avoir un droit égal au système le plus étendu de libertés de base égales pour tous qui soit compatible avec un même système pour les autres.

— **Second principe :** les inégalités économiques et sociales doivent être telles qu'elles soient au plus grand bénéfice des plus désavantagés et attachées à des fonctions et des positions ouvertes à tous conformément au principe de juste égalité des choses.

La liberté

Le principe de liberté est prioritaire, il énonce l'égalité des attributions des droits et des devoirs de base et affirme ainsi les mêmes droits fondamentaux. Nous ne pouvons d'abord que vouloir que tout le monde soit libre et ait les mêmes droits. C'est l'égalité de droit de tous les citoyens telle que l'énonce la Déclaration des droits de l'homme. L'égale liberté est ainsi un principe constitutionnel.

Des inégalités injustes et de justes inégalités

Mais dire que les hommes ont une égale liberté ne revient pas à défendre un égalitarisme dans tous les domaines. Une société juste n'est pas une société égalitaire. À avoir voulu imposer l'égalité, le marxisme a conduit à une négation des libertés. Une société juste n'est pas une société égalitaire mais une société équitable.

Dans la vie économique, les inégalités sont un fait. Elles sont justes si elles produisent des avantages pour chacun. Les positions sociales qui procurent le plus d'avantages sont accessibles à tous, mais les avantages obtenus par ceux qui parviennent à occuper ces positions profitent également à ceux qui sont laissés pour compte. En revanche, un système aristocratique qui repose sur la loterie des dons naturels n'est pas juste. Ainsi, seules les inégalités qui ne bénéficient pas à tous sont injustes. La justice n'est pas la pure égalité, mais c'est bien l'équilibre et la répartition des avantages et des ressources, équilibre guidé par le souci des circonstances particulières, qui permettent de garantir à chacun le maximum de libertés et l'accès à l'état de citoyen actif.

Un tel choix rationnel consiste à adopter la stratégie du « maximin », à savoir celle qui maximise ce que nous obtiendrions si nous étions dans la position minimale. Cela revient à partir de l'hypothèse selon laquelle c'est notre pire ennemi qui décidera.

Prenons l'exemple de trois répartitions :

— 10/8/1 ;
— 7/6/2 ;
— 5/4/4.

Nous choisirons la troisième répartition, même si le taux moyen d'utilité est plus élevé pour les deux premières. Et comme nous n'avons qu'une vie, il est irrationnel de prendre le risque de l'insatisfaction.

Ainsi, rationnellement, personne n'aurait pris le risque d'être dans une situation désavantagée conduisant à participer à des jeux pour sauver sa vie. De manière évidente, ces conditions ne sont pas réunies dans le monde qui nous est décrit dans la série. L'univers du jeu prétend promettre une forme de justice, une dernière chance que le monde extérieur n'offre pas. Mais ce serait oublier que ce jeu est organisé par les vainqueurs de la société qui a acculé les participants. Cette parodie de justice n'est-elle pas en mesure de nous en apprendre davantage encore sur cette injustice inhérente à la société, et par extension sur ce que serait une société juste ?

Si les jeux sont d'abord individuels, dès la troisième épreuve, le tir à la corde, ils deviennent collectifs. Un nouveau problème se pose :

comment constituer les équipes ? Sur quels critères ? Par affinités ? Mais c'est une question de survie et le risque est grand de se retrouver avec des joueurs faibles ou n'ayant pas les qualités pour combattre. Le problème est que personne ne sait à l'avance quelles vont être les règles du jeu à venir. La réussite aux épreuves est évidemment dépendante de la nature du jeu. C'est ainsi « à l'aveugle » que les équipes sont constituées, chacun pariant sur ce que sera le critère de performance si l'on exclut ceux, et ils sont peu nombreux, qui s'attachent aux relations humaines pour choisir. La force ? La ruse ? La délicatesse ?... Ce qui conditionnera la réussite apparaît totalement arbitraire. Et pourtant personne ne se révolte, comme si tout cela était finalement mérité...

Le mérite, est-il une valeur ?

Nous faisons du mérite une valeur. Dire d'une personne qu'elle est méritante, c'est souligner ses qualités, ses efforts, son travail et sa volonté, qui lui ont permis de surmonter les obstacles. Inversement, quand une personne subit un revers parce qu'elle n'a rien fait pour l'éviter, on considère qu'elle n'a « que ce qu'elle mérite ». Le mérite semble alors être un autre nom de la justice en ce qu'il correspondrait à la rétribution de ce qui est légitimement dû. C'est ce que soulignait déjà Aristote lorsqu'il opérait une distinction entre l'égalité arithmétique et l'égalité géométrique ou proportionnelle.

Aristote et la justice

Aristote (384-322 av. J.-C.), philosophe grec de l'Antiquité, aborde cette distinction entre l'égalité arithmétique et l'égalité proportionnelle à propos de la justice. Dans le domaine du droit, la justice exige une stricte égalité des individus, mais la question devient différente en ce qui concerne par exemple les richesses, qui doivent être réparties en fonction des mérites de chacun parce que certains ont fait plus que d'autres. C'est ce qu'il nomme la « justice distributive ».

Cette idée n'est pas neuve et elle se défend. Il semble juste, par exemple, de donner un travail à celui ou celle qui le mérite parce qu'il ou elle a su témoigner de ses efforts et de son efficacité, alors que le donner à un héritier « fils ou fille de... » ne paraît pas juste. Le mérite affirme sa valeur face à toute logique aristocratique des privilèges et laisse une place à la liberté et à l'usage que l'on en fait. C'est à chacun de jouer, et notre sort est entre nos mains. Or, cela présuppose que nous sommes entièrement responsables de ce qui nous arrive. Il ne s'agit pas de nier toute responsabilité, mais sommes-nous responsables de nos talents, de l'endroit où nous sommes nés, des conditions dans lesquelles nous avons été éduqués et avons grandi, etc. ? N'est-ce pas oublier la part d'arbitraire qui est au cœur de nos existences ?

Ainsi, un joueur de football mérite-t-il son salaire ? Les joueurs de *Squid Game* méritent-ils de gagner ? La comparaison peut paraître brutale et exagérée, mais le joueur de football aurait-il le même salaire s'il jouait dans un pays où son sport n'était pas reconnu ? Le joueur de cricket, star reconnue socialement et économiquement en Inde, le serait-il s'il jouait en France ? Pour revenir à la question du salaire du joueur de football, on pourra répondre qu'il a énormément travaillé, qu'il y a consacré sa jeunesse avec tous les sacrifices que cela implique. Mais que faire de celui qui a fourni autant d'efforts et qui n'a pas de carrière ? On répondra que le premier est aussi très doué et qu'il est un dieu vivant sur la pelouse. Mais est-il responsable de ses talents naturels qui relèvent des hasards de la naissance ? On répondra encore qu'il a su exploiter tous les conseils qui lui ont été donnés, qu'il a été en mesure d'en tirer le meilleur profit. Mais est-il responsable des rencontres qu'il a pu faire ? Ce qui est évident c'est qu'il y a une part d'arbitraire irréductible car on ne réussit jamais seul.

La mise en scène de cet arbitraire est ce à quoi les joueurs de *Squid Game* sont confrontés quand ils ne savent pas les règles du jeu alors qu'ils doivent constituer leurs équipes. Au jeu du tir à la corde, ce sont finalement les conseils du plus faible, du plus âgé, qui vont permettre de gagner là où l'on pouvait penser que la force serait le moyen de l'emporter. Mais c'est alors le hasard d'une expérience passée – puisqu'il avait joué à ce jeu étant plus petit – qui va cette fois être utile. Nous apprendrons par la suite que les compétences requises étaient connues de lui, mais, bien sûr, pas des autres joueurs. Se trouvent alors valorisés des talents, des capacités, qui sont déterminés de l'extérieur, qui auraient très bien pu être autres et qui ne dépendent pas de nous. Pas plus ne dépendent de nous les conditions sociales, économiques, familiales dans lesquelles nous naissons.

Mais comment cette idée de mérite a-t-elle pu alors parvenir à s'imposer à un point tel qu'elle est reconnue par ceux-là mêmes qui en subissent les méfaits ?

Une religion du mérite ?

On peut trouver l'une des origines de cette idée de mérite dans la tradition biblique : Dieu récompense ceux qui ont bien agi et punit ceux qui ont fauté. Et parce qu'il s'agit de Dieu, rien n'est arbitraire. Cela peut nous paraître tel, mais simplement parce que nous ne pouvons pas nous élever aux mystères de Dieu. Toutefois, considérer que Dieu récompense notre mérite n'est pas sans poser problème. En effet, cela reviendrait à porter atteinte à sa toute-puissance puisqu'il serait en dernière instance dépendant de nos actions et contraint de nous récompenser si nous avons bien agi ou de nous punir dans le cas contraire. C'est dans une telle perspective qu'on se met alors à parler de libre arbitre et de responsabilité. Toute punition devient alors juste. Mais une telle approche n'a pas été sans rencontrer des difficultés et a conduit à de nombreux débats théologiques.

L'un des plus célèbres va opposer saint Augustin, théologien d'origine berbère du IVe siècle apr. J.-C., et Pélage, moine ascète breton de la même période.
Pour Augustin, l'homme est marqué par le péché originel qui explique l'existence du mal dans le monde. Ce n'est donc pas librement qu'on fait le mal. L'homme est certes libre et responsable, mais son libre arbitre est réduit par la faute originelle d'Adam. Pour être sauvé, l'homme a donc besoin de la grâce. Son salut réside en Dieu. Pélage, au contraire, soutient que l'on peut atteindre la sainteté par ses propres forces et par son libre arbitre. La minimisation de la grâce divine lui vaudra alors d'être condamné pour hérésie... Et pourtant l'histoire ne s'arrête pas là, et c'est finalement la conception de Pélage qui va prendre le dessus. Si peu à peu s'impose l'idée qu'il faut bien récompenser les bonnes actions si on veut leur donner un sens et une valeur, la Réforme, avec Luther, va à son tour se soulever contre une telle approche qui conduit à penser que les plus fortunés peuvent s'acheter leur place au paradis. On n'achète pas Dieu ; en revanche, on se doit de le glorifier. Comment ? Par le travail, qui est une vocation humaine puisque, comme le dit la Genèse, « l'homme doit travailler à la sueur de son front ». Cela ne fait pas tout – il reste l'élection divine –, mais cela fait beaucoup.

Si chacun, même ceux qui en subissent les méfaits, a pu intégrer cette notion de mérite, c'est parce que nous avons peu à peu intériorisé une moralisation de la réussite. Elle repose sur l'idée de libre arbitre et de responsabilité, et cela s'accompagne d'une légitimation de la réussite. Celui qui réussit a droit à une récompense, celui qui échoue n'y a pas droit et subit les conséquences de son échec. Finalement, cette moralisation est reproduite dans la série : chacun finit par être puni là où il a péché, et c'est l'être le plus moral qui semble s'en sortir.

Le danger de la méritocratie, terme inventé en 1958 afin d'abord de souligner un abus, est d'entériner les inégalités en leur donnant une justification morale. Ce renversement tend à faire penser que, finalement, ce modèle de société vise à conforter un ordre social et économique au lieu de véritablement le combattre. Il suffit de constater comment les inégalités ne font qu'augmenter. En France, entre 2008 et 2018, le niveau de vie mensuel des 10 % les plus aisés a augmenté de 23 euros, alors que le niveau de vie mensuel des plus modestes a diminué de 29 euros. Au niveau mondial, la part des 50 % les plus pauvres est passée de 7 % du revenu mondial en 1980 à environ 9 % en 2020, mais la part des 10 % les plus riches est restée stable autour de 53 % et celle des 1 % les plus riches est passée de 17 à 20 %. Les premiers de cordée n'entraînent pas les autres...

Comme le souligne Michael Sandel dans *La Tyrannie du mérite*[6], cela s'accompagne d'un sentiment d'humiliation de la part de ceux qui ne connaissent pas le succès : le sentiment de ne pas avoir été capables de faire autrement, sentiment renforcé par celui de ne pas avoir été élus. Et les joueurs qui perdent peuvent alors remercier d'avoir participé puisque « quand on veut on peut » et qu'au pire on a manqué de chance. Le danger est alors aussi, comme le souligne Sandel, qu'une telle humiliation produise un ressentiment qui trouverait son expression dans une certaine forme de populisme.

La justice, une égalité des chances ?

La justice réside-t-elle alors dans l'égalité des chances ? Voilà ce qui est offert dans le jeu : une dernière chance de s'en sortir et une même chance donnée à tous, à ceux qui n'en ont pas eu, ou qui n'ont pas su en profiter jusqu'alors. Puisque force est de constater la place des hasards de la naissance et de la chance, l'idée consisterait à penser qu'il faut égaliser les chances, ce qui revient à compenser les inégalités non méritées.

Certes, les règles du jeu dans *Squid Game* poussent à l'extrême cette proposition, mais le principe affirme néanmoins que l'égalité des chances

6. SANDEL Michael, *La Tyrannie du mérite*, 2021.

apparaît comme juste car elle compense les échecs dont nous ne pourrions pas être responsables. L'idée est qu'il faut aider ceux qui sont dans le besoin et leur porter assistance parce qu'ils n'ont pas eu de chance. Cette proposition est séduisante et tente alors de gommer les inégalités dues aux hasards de l'existence. Il faut que chacun, quelle que soit sa naissance, puisse avoir les mêmes chances de réussir. Une difficulté demeure néanmoins : comment distinguer ce qui relève du choix et ce qui relève de la chance ? En effet, seuls finalement méritent de réussir ceux qui ont fait le bon choix.

Or, cette distinction entre le choix et la chance est très difficile à établir car elle suppose encore d'être en mesure de déterminer ce qu'est un véritable choix consenti. Sans rejeter radicalement cette idée d'une égalité des chances, elle nous fait retomber dans les impasses du mérite en laissant une place centrale à la responsabilité individuelle et en laissant de côté le fait que la société valorise certains talents plutôt que d'autres. Derrière cette idée d'une égalité des chances se cache encore la pensée selon laquelle certains parcours ont nécessairement plus de valeur que d'autres, sans aucune interrogation sur cette valeur accordée.

La pandémie que nous traversons en est un bon exemple quand finalement on désigne comme métiers « essentiels » des tâches qui sont accomplies par des individus qui ne sont pas reconnus socialement et économiquement. Le risque est donc d'oublier de s'interroger sur les structures et les a priori de la société qui installent encore davantage un sentiment d'humiliation.

Peut-être est-il alors nécessaire de penser la possibilité d'encourager les personnes ayant des talents à les développer et à les exercer, tout en s'assurant que des bénéfices que produisent ces talents sur le marché appartiennent à la communauté dans son ensemble. Leurs gains ne leur appartiennent pas exclusivement et doivent être partagés avec ceux qui ne jouissent pas de dispositions naturelles aussi grandes. Mais encore faut-il que ces talents soient reconnus et que leur reconnaissance ne se limite pas à quelques-uns. Prendre soin avec humanité de personnes âgées requiert de toute évidence des qualités que toute personne n'a pas.

Une égalité des chances certes, mais pour faire quoi ? Nous le constatons, si c'est uniquement pour survivre, cela n'a pas de sens ; si c'est uniquement pour s'enrichir au détriment des autres à un point tel qu'il faut organiser un jeu de la mort pour se divertir, cela n'en a pas davantage...

Nous le voyons, de nombreuses questions continuent de se poser. Comment garantir l'épanouissement individuel ? Quels critères déterminent ceux qu'on va désigner comme défavorisés ?... Il est évident que les situations de chacun des participants de *Squid Game* sont différentes et l'on ne peut identifier un gangster mafieux et un réfugié économique ou politique. Mieux encore, ces exemples nous montrent que les inégalités ne peuvent pas être simplement pensées à l'intérieur des États, elles sont à saisir également dans une perspective beaucoup plus globale. Le succès de *Squid Game* en dehors des frontières de la Corée en témoigne, l'accent américain des VIP l'illustre.

Qu'est-ce qu'un monde juste ?

Dire que *Squid Game* nous décrit les dérives d'un monde capitaliste globalisé est une évidence. Mais un tel constat exige aussi de se demander ce que pourrait être non seulement une société juste, un monde juste ou comment faire pour le rendre plus juste.

« Les chiffres de la pauvreté mondiale sont connus : 270 millions de morts entre 1990 et 2005 sous l'effet de l'extrême pauvreté ; davantage que toutes les victimes de guerre du XXe siècle. Un tiers des décès mondiaux (18 millions) du fait de la pauvreté, 1,5 million par mois, 50 000 morts par jour[7]. »

7. Nohra Fouad, *Politiques éducatives, émancipation humaine et inégalités sociales dans les pays en voie de développement*, 2010.

La violence de la série peut choquer, mais les chiffres évoqués ici ne nous affectent pas plus que cela. Imaginons en revanche que nous ayons chaque jour un enchaînement de catastrophes qui ferait à chaque fois 50 000 victimes… La question des inégalités n'est donc pas seulement celle des rapports entre les individus à l'intérieur de chaque État, mais elle est aussi celle des rapports entre les États riches et les États pauvres, c'est-à-dire qu'elle prend une dimension globale. Deux approches se développent face à ce constat : soit on pense que l'on peut lutter contre la pauvreté en donnant aux individus de meilleures possibilités de se développer, soit on pense que cela ne peut passer que par une redistribution des richesses. La première approche est celle par les libertés ; la seconde, par les ressources.

L'approche par les libertés

L'approche par les libertés est défendue par John Rawls, qui souligne le fait que certains États ne sont pas des États de droit, ce qui fait que soit ils ne veulent pas coopérer, soit leurs traditions rendent inefficace tout transfert simple de ressources. Ce qu'il faut donc viser, c'est la participation de tous les États à une logique démocratique afin d'établir les conditions de possibilités de sociétés justes. C'est donc en s'attaquant à la structure des sociétés que la justice pourra être établie. En ce sens, ce n'est pas une politique redistributive qui peut régler le problème des inégalités, en particulier à l'égard des sociétés entravées, mais un devoir d'aide. Le but de l'aide est de permettre à ces sociétés de gérer rationnellement et raisonnablement leurs propres affaires, et ce « parce qu'il n'existe probablement aucune société dans le monde à l'exception des cas marginaux dont les ressources soient si rares qu'elle ne puisse, si elle était raisonnablement et rationnellement gouvernée, devenir bien ordonnée[8] ».

8. Rawls John, *Le Droit des gens*, 1998.

Amartya Sen, Prix Nobel, économiste et philosophe indien contemporain, insiste de son côté sur les possibilités que l'on doit offrir aux individus de se développer. Les individus n'ont pas les mêmes besoins pour être en mesure d'accomplir le même acte : un hémiplégique n'a aucune chance de prendre le bus si celui-ci n'est pas équipé spécialement. Si nous n'avons pas de bras ou que nous détestons conduire et que l'État nous offre une Ferrari, cela ne nous servira pas à grand-chose. Ce qu'il faut égaliser, ce sont les possibilités effectives de fonctionner. Dans ces conditions, une approche selon les ressources qui consisterait à redistribuer les richesses n'est pas suffisante car elle ne prend pas en compte la particularité des situations et n'utilise comme indice de pauvreté que le PIB ou la richesse. Or, il faut chercher à établir d'autres indices.

L'approche par les ressources

Pourtant, c'est à partir du même constat selon lequel aucun pays n'a pas les ressources suffisantes que se développe la position « ressourciste » car les facteurs de pauvreté ne sont pas seulement locaux mais mondiaux. Remonter aux racines de la pauvreté, c'est saisir que les pays riches contribuent au moins indirectement à cette pauvreté qu'ils essayent d'endiguer. Un devoir s'impose alors de redistribution des ressources, qui passe par des réformes structurelles internationales.

Nous contribuons donc indirectement à la pauvreté que nous cherchons à endiguer. Nous n'avons pas des devoirs positifs comme des exigences de charité qui doivent se porter vers les autres, mais des devoirs négatifs du fait même de notre responsabilité. Nous avons le devoir de faire moins plutôt que de faire plus : faire moins de mal. Ce qui implique des politiques de redistribution.

Il serait réducteur de penser qu'il s'agit, de manière exclusive, d'appliquer l'une ou l'autre de ces deux approches. Les travaux actuels s'attachent à mettre en place une combinaison des deux dans le souci de penser que la question n'est pas uniquement économique. Si l'approche par les ressources n'est pas suffisante à elle seule, c'est parce que la question n'est pas seulement économique, même si cette part reste importante. Les actions développées par Sen, par exemple, montrent que l'essor par les capacités est essentiel car il redonne aux individus une forme de dignité. Évidemment, personne ne quitte de gaieté de cœur son pays et ses attaches lorsque des contraintes extérieures l'imposent. Là encore, c'est bien souvent acculés, comme les personnages de *Squid Game* le sont, que des individus montent à bord d'embarcations sur lesquelles ils parient leur vie.

Toutefois, les conceptions de la justice peuvent demeurer plurielles et sont inséparables, là encore, d'un débat public éclairé.

Sen et le problème de la flûte

Dans son ouvrage *L'Idée de justice*[9], Sen pose le problème suivant : Anne, Bob et Carla, trois enfants, se disputent pour l'obtention d'une flûte. Anne argue du fait qu'elle est la seule à savoir en jouer ; Bob défend son droit en raison de sa pauvreté qui l'empêche de posséder le moindre jouet, et Carla invoque le fait qu'elle a travaillé pendant des mois pour fabriquer la flûte. Chaque enfant a de bonnes raisons d'obtenir la flûte, et pourtant les arguments deviennent concurrents. Que serait la juste décision ? Il serait illusoire de penser qu'une seule est acceptable, chacune renvoie à la prise en compte de consi-

9. Sen Amartya, *L'Idée de justice*, 2009.

dérations justifiées. Si l'on est utilitariste[10], on peut en appeler au bonheur qu'Anne aurait de jouer, et à la satisfaction qu'elle pourrait procurer à ceux qui l'écouteront, mais on pourrait aussi penser, par exemple, que le bonheur de Bob, possédant subitement un jouet, aurait des conséquences importantes sur son comportement et sur sa place dans le groupe, etc. Si l'on est libertarien[11], on dira que la flûte doit revenir à Carla puisqu'elle est le fruit de son travail. Si l'on est égalitariste, on considérera qu'elle doit être donnée à Bob, qui ne possède rien... On le voit, il est difficile de trancher, et même à l'intérieur de chaque position nous constatons des discussions possibles. Qu'en conclure sinon qu'on ne peut appliquer aveuglément des principes ? Et, là encore, il s'agit de confronter des points de vue publiquement en prenant en compte les connaissances du moment et les conséquences, mais aussi surtout en acceptant la responsabilité des décisions. La justice n'est pas uniquement une affaire d'institutions, elle est aussi une question de mentalité et de comportements. Ce qui suppose avant tout le renforcement de possibilités démocratiques réelles.

Ainsi, toute réflexion sur la justice s'accompagne, en dernière instance, d'une interrogation sur la notion de responsabilité. Être responsable, c'est être en mesure de répondre de ses actes, de ses décisions et de ses choix parce qu'on en est pleinement la cause ; c'est être en mesure de consentir.

En affirmant la responsabilité des individus là où des conditions extérieures les déterminent, en parlant de consentement là où celui-ci est le résultat d'une construction, on justifie les inégalités et on produit

10. Cf. p. 34.
11. Cf. p. 16.

un monde qui se divise en gagnants et en perdants du jeu qui s'exécute. Gagner, c'est être récompensé pour son travail et ses efforts, voire ses talents. Gagner, c'est d'abord accumuler des richesses, et la tirelire de verre qui pend au plafond est là pour nous le rappeler sans cesse. La victoire ne se conquiert donc que dans une compétition contre les autres : ici, les joueurs sont appelés « travailleurs » et les gardiens « managers ». Si *Squid Game* nous décrit alors l'accomplissement d'une société injuste, si la valorisation du travail ne cache finalement que l'asservissement à une logique qui nous dépasse, faut-il ôter toute valeur au travail ?

Chapitre 4

LE TRAVAIL

Du jeu au travail : quelle est la valeur du travail ?

Le jeu du calamar (*squid game* en anglais) est un jeu d'enfants. 1, 2, 3, soleil, les billes, le sont aussi. Le jeu est une manière d'investir le monde, de le découvrir, d'être confronté à des règles et, la majeure partie du temps, aux autres. Dans le jeu, on fait « comme si » : l'enfant joue au maître ou à la maîtresse, au docteur, à l'ambulancier, à la marchande ou au marchand. Par là, il découvre le monde, l'imite, s'attache à se l'approprier. Mais le jeu n'est pas uniquement une histoire d'enfant, il est ce que la vie sociale suppose ; comme le dit Sartre[1], nous jouons parce que nous sommes en représentation, tel l'acteur qui joue Hamlet, et chacun de nous attend que l'autre exécute son rôle ; cela devient même une affaire de politesse. Il est essentiel de mesurer la manière dont nous apparaissons aux yeux des autres parce que nous ne vivons pas seuls. La politesse est politique, elle est une condition de la vie de la polis, la cité en grec, elle est une des conditions pour vivre ensemble.

Mais si le jeu a cette dimension sociale, il n'est finalement pas toujours synonyme de plaisir, il exige qu'il y ait des gagnants et des perdants. Il y a des règles par lesquelles chacun doit tenir son rôle, sa place, et si une personne triche, « ce n'est pas du jeu ». Le jeu est une affaire

---

1. SARTRE Jean-Paul, *L'Être et le Néant*, 1943.

sérieuse, on ne joue pas avec le jeu, ou tout au moins il y a des limites. Mais c'est une affaire tellement sérieuse que le travail, ce qu'on oppose traditionnellement au jeu, peut en prendre la forme. Les participants de *Squid Game* jouent, mais ce sont des « travailleurs », et les gardiens des « managers ».

Comme pour le jeu, le travail a ses règles, sa concurrence, ses gagnants et ses perdants, souvent ses équipes, ses arbitres, ses coachs, ses maillots ou ses uniformes… mais, contrairement au jeu, il est censé produire et répondre immédiatement à un besoin vital. Le travail est d'abord une affaire d'adultes ou, plus précisément, le jeu serait davantage une affaire d'enfants. *Squid game* est ce jeu qui divertissait les enfants dans la cour de récréation, et qui devient ici tragiquement une affaire de vie ou de mort pour des adultes. Quand c'est un « jeu d'enfant », c'est une affaire facile, ce n'est pas sérieux, mais c'est oublier que l'enfant avait déjà pris au sérieux ce qu'il faisait.

Et si l'on faisait croire que le travail lui-même n'était qu'un jeu avec tout le sérieux qu'il implique ? À la différence que l'adulte ne peut pas ne pas jouer…

Et si finalement le travail n'était qu'une manière de poursuivre la lutte, la concurrence, non pas pour investir le monde, cette fois, mais pour le subir, s'y soumettre ou s'y adapter ?

On fait des équipes, on construit parfois un univers ludique dans lequel les travailleurs peuvent jouer au baby-foot, se déplacer à trottinette électrique et se retrouver pour quelques fêtes afin de mieux produire, dans la joie, quand cela est possible, en créant un autre moment de vie qui devient la vie au sein d'une nouvelle grande famille où des affinités se forgent. Mais, comme nous le montre la série, les règles ont été décidées sans les joueurs. L'enfant qui joue apprend à se soumettre aux règles, mais bien souvent il les adapte, les change : il décide de la largeur des piliers entre les buts, il décide que la maîtresse souvent très sévère va devenir gentille ou quitter la salle… Il peut, en changeant les règles, tourner un peu en dérision les difficultés de la vie ; pourtant, il a souvent déjà compris qu'il joue en vue d'exercer une activité sérieuse. Le travail n'est-il alors qu'une extension du jeu sans plaisir ? Du pain que le travail fournit aux gains du jeu, n'aurait-on finalement affaire qu'à l'autre face d'une même pièce ?

L'univers du jeu de *Squid Game* a tout du camp de travail conduisant à l'extermination, même si celle-ci n'est pas systématique dès le départ. Si Auschwitz prétendait que « le travail libère », la seule libération est ici celle par le jeu. Mais elle n'aura lieu que pour l'unique vainqueur. L'univers de *Squid Game* reproduit dans un environnement aseptisé, aux couleurs d'un magasin de jouets pour enfants, la violence de la concurrence d'un monde dans lequel les individus calculent, luttent, parient, se motivent pour être les vainqueurs. Devenus adultes, les participants accomplissent finalement ce pour quoi ils ont été formés : s'en sortir dans la société.

Toutefois, si le jeu permet à l'enfant de se socialiser, le travail a également une dimension sociale essentielle qui peut permettre de se développer. On peut critiquer l'aliénation qu'il produit, on peut dénoncer la logique de compétition dans laquelle il nous installe, on peut reprocher à sa valorisation de participer à une glorification aveugle de l'effort qui ne fait que nourrir une idéologie de la réussite, maintenant un profond silence sur les conditions sociales, mais faut-il pour autant lui retirer toute valeur ? Dans quelle mesure peut-on opérer une critique du travail alors même qu'il est une nécessité ?

Le paradigme du travail : tout n'est plus que travail

Ce qui frappe immédiatement, c'est ce détournement que subit le jeu. Normalement synonyme de détente et de plaisir, il devient, dans la série, le seul moyen de sauver sa vie. Et pourtant, en tant que jeu, il n'est rien d'autre que la reproduction de la violence du monde extérieur. C'est ainsi que tout, même le jeu, a pris une forme identique, celle d'une lutte, d'une concurrence cruelle pour la survie. Aussi bien les VIP que Oh Il-nam prétendent jouer, mais ils voient dans cette activité une nécessité vitale pour ne pas sombrer en échappant à l'ennui. Ce n'est pas le jeu qui singe le travail, il est, dans son esprit, totalement perverti, et c'est finalement la logique du travail qui a pris le pas sur toute activité. Qu'il s'agisse des participants, des gardiens ou des organisateurs, toutes leurs activités ne sont plus qu'orientées par la survie. Tel est le sens du travail qui réside d'abord dans la satisfaction des besoins vitaux. La formule « Le travail libère », qui accueillait les déportés à l'entrée d'Auschwitz, pourrait être ici remplacée par « Le jeu libère ». Or, bien évidemment, ni l'un ni l'autre ne sont synonymes de liberté. Lorsqu'il abordait la question du travail, Marx affirmait également que le travail libérait en ce qu'il était une manifestation de l'esprit. C'est ainsi que le philosophe soulignait la spécificité du travail humain et le distinguait de l'activité animale, qui n'est que mécanique.

« Ce qui distingue dès l'abord le plus mauvais architecte de l'abeille la plus experte, c'est qu'il a construit la cellule dans sa tête avant de la construire dans la ruche[2]. »

Certes, le travail renvoie à la nécessaire satisfaction de nos besoins, mais il demeure une activité, pour nous humains, qui suppose un esprit qui agit et conçoit ce qu'il fait. Or, cela n'a de sens qu'à partir du moment où celui qui travaille n'est pas dépossédé de son activité et peut voir le résultat de cette dernière, tout comme l'enfant qui, en jouant, peut admirer le résultat de son action. Non seulement le travail mécanique rend cela impossible, mais surtout le travail, de manière générale, est finalement toujours réduit à la satisfaction des besoins : nous travaillons pour consommer, et dès que nous consommons, nous avons besoin de travailler. Travailler, c'est produire afin de pouvoir renouveler ses forces pour de nouveau travailler. La réalité est que le travail est enfermé dans ce cercle à un point tel que même les loisirs deviennent des objets et un temps de consommation. Dans la série, les VIP eux-mêmes sont pris dans cette logique et dépensent pour se divertir.

2. Marx Karl, *Le Capital,* 1867.

Or, c'est le propre de la consommation d'être éphémère, de ne pas s'inscrire dans la durée et de devoir être sans cesse répétée. Cela devient une question de survie et le jeu, loin d'être synonyme de plaisir, prend cette forme. Le travail n'est pas ce qui nous libère, il est cette activité qui nous soumet à la nécessité, aux exigences de nos besoins biologiques. Il n'est pas étonnant alors que l'on ait pu parler de « camps de travail ». Mais le pire est que, comme la série nous le montre, toute activité est désormais soumise à ce même paradigme. Le travail est devenu, dans nos sociétés, ce qui les organise et ce qui structure toutes nos activités. Tout finalement n'est plus que travail.

Or, la consommation est ce que nous partageons avec les autres êtres vivants : les cellules elles-mêmes travaillent et consomment. Elle nous ramène alors à l'activité humaine la plus basse et réduit notre existence à une logique de survie qui doit sans cesse être répétée puisque la consommation suppose la destruction de ce dont elle a besoin. Dans la série, à peine un jeu est-il achevé, garantissant la survie des vainqueurs, qu'un autre doit commencer. Rien ne dure et chacun se retrouve enfermé dans ses processus vitaux. Nous le constatons quotidiennement avec l'obsolescence programmée d'une grande quantité de produits. Finalement, les camps de travail des régimes totalitaires poussaient à l'extrême ce principe réduisant les êtres humains à leur existence biologique : boire, manger, dormir pour survivre. La société de consommation, de manière plus douce, prolonge ce mouvement de déshumanisation, soumettant les individus à une logique de survie et les rabaissant à une activité qui est le propre de toute matière vivante.

C'est ce que souligne Hannah Arendt dans la *Condition de l'homme moderne*[3] : le travail n'est que soumission à la nécessité et n'est pas l'activité qui fait de nous des êtres humains. Certes, comme tout être vivant, nous avons besoin de travailler, mais nous ne sommes pas que des êtres biologiques, nous sommes également capables de créer des objets, de construire un monde de choses au sein desquelles nous vivons. Si l'animal a une nature, l'homme édifie un monde. Un grand mythe de l'Antiquité nous l'enseigne, le mythe de Prométhée.

3. Arendt Hannah, *Condition de l'homme moderne*, 1958.

Le mythe de Prométhée

Nous sommes au moment de la création des espèces vivantes. Deux personnages sont à l'œuvre, Épiméthée et Prométhée. Épiméthée se charge de la distribution des biens dans un souci d'égalité de toutes les espèces. À certaines, il donne la force, à d'autres la rapidité, à certaines des griffes et un pelage pour se défendre et se protéger du froid, à d'autres des ailes pour voler... Les biens semblent donc répartis de manière équitable afin que toutes les espèces puissent survivre. Cependant, lorsque Prométhée fait l'état des lieux, il se rend compte qu'Épiméthée a oublié une espèce essentielle : l'homme. Tous les biens ayant déjà été distribués, l'homme se retrouve entièrement dépourvu, c'est un être totalement inadapté. Prométhée décide alors d'aller dérober aux dieux un moyen de survie pour cette espèce qui a été oubliée. C'est ainsi qu'il s'empare du feu. Grâce à ce dernier, les hommes vont pouvoir créer leurs propres arts, leurs propres outils puisqu'ils en sont naturellement dépourvus.

Ce mythe tend à définir l'homme comme un animal technicien. L'homme est le seul animal capable de technique. Contrairement aux autres animaux, qui sont adaptés à leur milieu, l'homme est un être inadapté, il est donc celui qui va transformer son milieu pour pouvoir y vivre. Il n'est pas adapté, mais il est apte à s'adapter. En d'autres termes, il est libre. L'animal ne peut faire que ce qu'il est déterminé à faire. Mettez un ours polaire dans le désert et il meurt, une girafe sur la banquise et elle meurt. L'homme, lui, va construire des abris, fabriquer des vêtements... rendre son existence possible.

Dire que l'homme est un animal technique, c'est opérer cette distinction entre les notions de nature et de monde. L'homme est cet être en mesure de fabriquer des objets qui, contrairement au fruit du travail, s'installent dans la durée.

Travail, œuvre, action

Dans la *Condition de l'homme moderne*, Hannah Arendt opère une distinction qui est plus aisée à saisir en anglais, langue dans laquelle elle a écrit son ouvrage, qu'en français, celle entre *labor* et *work*, termes que nous traduisons indifféremment par « travail ».

Labor est cette activité que nous nommons « travail » et qui renvoie à la simple consommation éphémère, à la dimension biologique que nous partageons avec les autres vivants. C'est d'ailleurs pourquoi, souligne-t-elle, les civilisations humaines ont cherché à se débarrasser du travail. C'est cette dimension que l'on trouve déjà dans l'Antiquité grecque ou sous la plume d'Aristote. Le travail, c'est la fonction de l'esclave qui est opposé à l'homme libre, le citoyen. L'esclave est alors celui qui ne participe pas à la vie publique, c'est celui qui est privé de monde.

Work, que nous traduisons généralement aussi par le terme *travail* et que, dans les analyses d'Hannah Arendt, nous pouvons, afin d'éviter toute confusion, traduire par le terme *œuvre*, désigne ce qui est fabriqué. Il y a quelque chose d'humain dans l'œuvre. C'est ce que l'on peut retrouver en français lorsqu'on parle d'« œuvrer à quelque chose ». En créant, en fabriquant des objets, on fait advenir des choses qui durent. Par la fabrication, l'animalité devient humaine. Elle fournit un monde artificiel d'objets. C'est ce que nous désignerions comme travail dans sa dimension socialisée. On passe de l'*animal laborans* à l'*homo faber*. On passe de la consommation à l'usage, et par cette activité on édifie déjà un monde. Nous naissons dans un monde déjà édifié qui nous survivra. Les routes, les

maisons, les meubles... édifient un monde, l'organisent, l'aménagent et construisent, par leur intermédiaire, des rapports sociaux. On fabrique des objets pour qu'ils durent, mais aussi pour se les transmettre. Par là, on sort d'une activité purement biologique.
Mais les hommes ne font pas que travailler pour survivre et produire des objets qu'éventuellement ils échangent, ils sont également capables de parler et d'échanger des idées, de se concerter pour agir en commun. C'est cette troisième activité qu'Hannah Arendt nomme l'« action ». C'est ce qui fait que l'homme est un « animal politique », à savoir qu'il élabore un monde de normes et de valeurs au sein duquel il va se développer. Telle est l'activité humaine la plus haute.

Lorsque la vie est réduite à la survie, lorsque le travail est devenu l'activité qui organise toutes les autres, l'être humain n'a plus de monde et se retrouve déshumanisé. Or, telle est bien la situation lorsque tout est pris dans ce mouvement de la production éphémère, alors même que les œuvres sont entrées dans le cycle de la consommation, lorsque nous vivons dans une société où même l'art est devenu l'objet d'un marché ou dans laquelle même les politiques travaillent. C'est cette société que nous décrit *Squid Game*, la société moderne qui a, petit à petit, fait du travail, entendu comme soumission à la nécessité, la valeur qui dépasse toutes les autres : le jeu lui-même devient une question de survie, pour les joueurs, mais aussi pour celui qui l'organise. Il n'y a alors plus de place, plus d'espace pour s'interroger sur les valeurs, sur les choix, pour en discuter : seule l'urgence de la survie organise la vie en commun. Toutes nos activités sont désormais inféodées au travail. Le schème du travail devient normatif. Comme l'énonçait encore Margareth Thatcher en son temps : « Il n'y a pas d'alternative. » Il ne reste plus alors qu'à s'adapter au modèle dominant. Des règles sont imposées, aussi arbitraires soient-elles, et il faut s'y soumettre si l'on veut rester en vie. Ce qui distinguait, dans le mythe de Prométhée, l'être humain de l'animal disparaît : seul le principe de l'adaptation demeure. Nous assistons alors à une « biologisation » de l'être humain et la mort par élimination est un événement parmi d'autres nécessaire à la survie des vainqueurs. Elle cesse donc rapidement d'affecter ceux qui restent dès lors que tout est vécu sur le mode de la compétition et du calcul. Évidemment, la violence décrite dans *Squid Game* fait écho à celle du monde extérieur : la précarité de Gi-hun suite à la perte de son travail qui le condamne à venir sur l'île, le mépris que doit subir Ali dans l'usine où il travaille…

Comme l'analyse précisément Barbara Stiegler dans son ouvrage *Il faut s'adapter*[4], on ne peut réduire cette situation aux développements des nouvelles technologies ou du capitalisme ; ces transformations se sont construites également à partir d'un certain discours sur l'espèce humaine.

La naissance du néolibéralisme

Barbara Stiegler montre ainsi comment ce qu'on désigne sous le nom de « néolibéralisme » est né d'un nouvel impératif politique qui a peu à peu émergé suite à la crise de 1929, jusqu'à devenir hégémonique dans les années 1970. Les libéraux des XVIIIe et XIXe siècles avaient confiance dans la capacité de la nature humaine à réguler spontanément le marché. La crise de 1929 change la donne, conduisant certains à considérer qu'elle est due à une inadaptation des êtres humains aux nouvelles exigences économiques. La révolution industrielle a imposé un nouveau rythme auquel il faut adapter les individus. Face à un environnement désormais changeant et instable, qui a remplacé l'ancien, il faut dès lors entamer un processus de réadaptation de la nature humaine. Elle doit devenir flexible. C'est la position soutenue par le journaliste et écrivain américain

4. Stiegler Barbara, *Il faut s'adapter*, 2019.

Walter Lippmann (1889-1974), qui va analyser ce que doit être la nouvelle société[5]. Il s'opposera à un intellectuel de renommée aux États-Unis, Dewey (1859-1952), fervent défenseur de la démocratie et qui considère qu'il faut laisser une place centrale au débat public et à l'intelligence collective, faisant peser la responsabilité de la crise sur l'environnement industriel déformé par le capitalisme. Il s'agit pour Lippmann de produire du consentement au sein de la population en réadaptant cette dernière à la nouvelle société. Ce qui implique, par exemple, des réformes de l'éducation afin de créer, pour reprendre le terme que nous avons vu chez Gramsci, une « hégémonie culturelle »[6], et surtout un gouvernement d'experts seuls compétents pour penser cette nouvelle adaptation.

En 1938, un colloque à Paris, le colloque Lippmann, réunit 26 intellectuels et économistes libéraux qui s'interrogent sur la nécessité de remplacer le terme de *libéralisme* par celui de *néolibéralisme*. Hayek[7] en fait partie. À cause de la Seconde Guerre mondiale, les suites de ces analyses ne furent pas immédiates, mais c'est à la faveur des nouvelles crises économiques des années 1970 que ces idées vont revenir pour s'imposer.

5. Lippmann Walter, *La Cité libre*, 1938.
6. Cf. p. 51.
7. Cf. p. 73.

> *« C'est là toute la tâche non résolue d'éduquer les populations, d'équiper les hommes pour une vie dans laquelle ils doivent se spécialiser, et pourtant être capables de changer de spécialité. L'économie de la division du travail exige ce que l'économie classique présuppose : une population dans laquelle ces problèmes d'eugénisme et d'éducation soient effectivement traités. »*[8]

Une telle valorisation du travail pensé sur le mode de l'adaptation ne peut que s'accompagner d'un effacement de la politique entendue comme activité de confrontation rationnelle d'arguments. Mais c'est aussi à la ruine de la morale que nous assistons. Si ressurgissent à certains moments quelques élans de pitié face aux perdants, ils s'effacent rapidement face aux exigences d'une société dans laquelle la mort devient finalement de plus en plus invisible. Finalement, on en vient à devenir ému lorsque Ji-yeong se sacrifie parce qu'elle reconnaît que la vie de Sae-byeok est plus importante que la sienne[9]. Le seul moment où certaines valeurs semblent se manifester, c'est pour rendre supportable la mort dans une soumission à des règles qui paraissent intangibles et qui ont fabriqué un consentement[10].

Là encore, comment parler de choix ? Nous sommes renvoyés de nouveau au dilemme de Sophie dans *Le Choix de Sophie*[11], choix qui n'en est pas un. Pour reprendre l'expression d'Hannah Arendt, c'est l'effondrement

8. LIPPMANN Walter, *La Cité libre*, 1938.
9. Épisode 5.
10. L'expression « fabrique du consentement » a été inventée par Lippmann en 1922.
11. Cf. p. 31.

du monde qui produit de telles situations déshumanisantes, qui réduit quasiment à néant la notion de choix et qui ruine les rapports entre les êtres humains, qui n'ont plus en commun au mieux que des intérêts privés. La société est devenue une « société de travailleurs[12] » : les joueurs, les managers, les organisateurs travaillent. Cette valorisation du travail conduit alors à un monde sans monde, à un univers proprement inhumain.

C'est pourquoi l'île de *Squid Game*, mettant en scène la radicalité d'un tel univers, a toutes les caractéristiques du camp de travail : les uniformes, le numéro pour chaque joueur, la musique pour les accueillir, les cadences imposées, l'absence même de productivité puisque l'activité ne génère finalement aucun objet. Robert Antelme, dans *L'Espèce humaine*[13], racontera ainsi comment les prisonniers des camps pouvaient être contraints de passer des jours à creuser des trous pour mieux ensuite les reboucher, et Hannah Arendt invoquera Pavlov, ce médecin russe qui décrivit les formes de conditionnement animal, pour y comparer le comportement auquel les individus sont réduits : la réaction devient mécanique face à une sollicitation extérieure, la sonnerie qui retentit met chacun sur le qui-vive et produit des réponses uniformes. On saisit alors pourquoi Hannah Arendt parlera, à propos de la société de consommation, de « société post-totalitaire ». Une telle organisation de la société s'accompagne nécessairement d'une politique disciplinaire qui s'impose aussi à travers un contrôle des corps. La surveillance et le contrôle sont partout présents sur l'île : contrôle des joueurs, contrôle des managers, caméras de surveillance. La vie, même dans sa dimension la plus biologique, est pleinement organisée : l'heure des repas, l'heure du coucher, etc. C'est que toute réadaptation de l'individu à une nouvelle société, comme le prônait Lippmann, suppose en dernière instance une liberté économique – et les organisateurs jouissent de leur argent sans entraves – mais aussi une limitation, voire une suppression de cette liberté en ce qui concerne les droits fondamentaux. Ce n'est pas étonnant si, comme nous l'avons vu, Hayek pouvait affirmer qu'il n'était pas choqué, au nom de la liberté économique, que des libertés démocratiques soient radicalement bafouées[14].

12. Arendt Hannah, *Condition de l'homme moderne*, 1958.
13. Antelme Robert, *L'Espèce humaine*, 1947.
14. Cf. p. 74-75.

Dans cet univers que nous dépeint *Squid Game*, chacun des dilemmes devient de plus en plus insupportable au fil des jeux. Si le premier jeu, 1, 2, 3, soleil, reste majoritairement individuel, par la suite, chacune des épreuves confronte les joueurs à des décisions impossibles à prendre et s'attache à détruire les tentatives de solidarité, jusqu'au moment où il s'agit d'éliminer, avec le jeu de billes, celui qu'on a pu considérer comme le plus proche, puis, dans le jeu des glaces, celui qui a permis jusqu'alors d'avancer... Ces dilemmes qui, au premier abord, nous conduisent à nous demander quelle est la meilleure attitude à emprunter, qui pourraient nous faire réfléchir sur ce qui est ou non le plus moral, n'offrent finalement aucune solution, pas plus que Sophie ne peut en trouver une justifiée lorsqu'elle doit choisir entre ses deux enfants. Toute solution est moralement mauvaise. Telles sont les conditions dans lesquelles une société qui fait du travail la valeur essentielle nous installe.

Mais peut-on s'affranchir de cette nécessité ? Si cela a toujours été le grand rêve de l'humanité – et Aristote[15] louait déjà ce temps où les machines pourraient enfin remplacer les hommes afin qu'ils se consacrent à des activités plus nobles –, faut-il néanmoins n'accorder au travail aucune valeur ?

Le modèle du travail qui s'impose dans la série suppose la présence de manageurs – les gardiens – et implique une hiérarchie, une soumission sans bornes et une souffrance. Si c'est bien ce paradigme qui organise toute la société, il semble que cela renvoie à la réalité majoritairement vécue du travail comme activité. Pourtant, n'est-ce pas une illusion de penser que l'on puisse s'en affranchir ? En effet, on peut ainsi opérer une critique du travail, on peut souligner l'aliénation dans laquelle il nous installe, mais il semble difficile d'échapper à sa nécessité. Faut-il alors penser qu'il n'y a pas d'alternative ?

15. Dans *La Politique*, Aristote souligne bien d'ailleurs que, le jour où les machines pourront remplacer les hommes, il n'y aura plus besoin d'esclaves.

Du travail aliéné à la nécessité du travail

L'oppression est partout présente dans la série pour accomplir des activités qui ne produisent rien sinon rester en vie. Chacun accepte les règles, chacun se soumet aux ordres : les joueurs, les gardiens, les organisateurs. L'acceptation de cette soumission est aliénation et déshumanisation. Mais si l'île est bien la concentration de ce que la valeur travail peut produire dans notre société, cela tient peut-être beaucoup plus à l'organisation du travail qu'au travail lui-même. Cette organisation est partout présente : chacun a son rôle bien défini, les gardiens ont des positions hiérarchiques différentes, la sonnerie vient rythmer les activités, l'horloge, et ses comptes à rebours, impose la cadence et produit le stress de ne pas se sentir assez fort pour survivre. Comment, dans ces conditions, le travail pourrait-il être susceptible de libérer tout individu ?

Marx pensait, en effet, que de l'oppression pourrait naître la révolution. Or, ces conditions ne font que produire du consentement qui suppose lui-même nécessairement une certaine organisation de l'activité. Qu'il y ait une nécessité du travail est un fait, la question est donc avant tout à analyser à partir de la manière dont le travail est mis en place, à partir de la relation entre le travailleur et son travail. Les joueurs ne sont finalement rien dans leur individualité, ils ne sont là que pour satisfaire des spectateurs et tout est fait pour ruiner les relations qu'ils pourraient entretenir. L'activité elle-même ne compte pas, la compétence particulière que peut avoir un individu finit par ne plus être prise en compte : le joueur n° 17, dans le jeu des glaces, en possède une, il a travaillé dans une verrerie et sait identifier la qualité du verre qui résistera au poids d'un être humain, mais même cette compétence sera finalement inutile face à l'exigence d'agir au plus vite parce que le temps s'écoule. L'individu n'a plus de relation à ce qu'il fait, toute son attention est portée sur le fait de survivre. S'il ne parvient pas à être utile, il n'est rien. Et Sang-woo finit par pousser le n° 17 parce que ce qui compte immédiatement dans l'urgence, c'est le résultat. Cette dimension oppressive et aliénante du travail est ce que la philosophe Simone Weil ne cessera d'analyser à partir de son expérience du travail vécu dans la société industrielle.

Weil, une philosophe au travail

Simone Weil est née à Paris en 1909 et morte à Ashford, en Angleterre, en 1943. Un des traits essentiels de sa vie est un amour compatissant pour les malheureux : vers l'âge de cinq ans, découvrant la misère des soldats dans la guerre de 1914, elle refuse de prendre un seul morceau de sucre afin de tout envoyer à ceux qui souffrent au front.

Elle suit des études de philosophie, obtient l'agrégation et devient professeur au Puy-en-Velay, où elle se joint à des mouvements de grève contre la condition ouvrière. Ayant obtenu un congé d'une année pour études personnelles, elle abandonne provisoirement sa carrière de professeur à partir de septembre 1934, et elle décide de prendre, dans toute sa dureté, la condition d'ouvrière, non pas à titre de simple expérience, mais comme incarnation totale, afin d'avoir une conscience parfaite du malheur ; elle veut penser le rapport entre la technique moderne, la production de masse et la liberté : dès le 4 décembre, elle est ouvrière sur presse chez Alsthom, dans le 15e arrondissement de Paris, puis elle travaille à la chaîne comme fraiseuse chez Renault à Boulogne-Billancourt jusqu'au mois d'août 1935. Elle connaît la faim, la fatigue, les rebuffades, l'oppression du travail à la chaîne à un rythme forcené, l'angoisse du chômage et le licenciement. Sa mauvaise santé l'empêche de poursuivre le travail en usine. Elle reprend alors son métier de professeur de philosophie au lycée de Bourges, à l'automne 1935, et donne une grande partie de ses revenus à des personnes dans le besoin. Elle se joint aux grèves de 1936 et milite avec passion pour un pacifisme intransigeant entre États. En août 1936, malgré son pacifisme, elle décide de prendre part à la guerre d'Espagne.

Après l'invasion, le 13 juin 1940, elle se réfugie avec sa famille à Marseille, où elle participe à des actions de résistance. En mai 1942, elle s'embarque avec ses parents pour les États-Unis, mais elle refuse finalement de rester à New York, ville qu'elle ressent comme trop confortable en ces temps de guerre, et fait tout pour se rendre en Grande-Bretagne, où elle arrive fin novembre 1942. Elle y travaille comme rédactrice dans les services de la France libre, où elle est chargée de rendre un rapport sur la situation morale de la France. Alors qu'elle demande à rentrer en France pour rejoindre la Résistance, elle essuie un refus de la part de l'entourage de de Gaulle. Elle démissionne donc de l'organisation. Sa santé étant de plus en plus défaillante, elle est déclarée tuberculeuse et admise à l'hôpital de Londres puis transférée en août 1943 au sanatorium d'Ashford, où elle mourra le 24 août 1943 à l'âge de trente-quatre ans.

On peut tenir des discours généraux sur le travail et sur sa valeur, mais si l'on veut en saisir le sens et les effets, il est nécessaire de penser le travail de l'intérieur. Dire qu'une certaine conception du travail organise nos sociétés contemporaines, c'est voir en quoi il implique un certain rapport à la vie. C'est même l'organisation du travail qu'il faut analyser. Le jeu des participants de *Squid Game*, les tâches des gardiens, nous installent au cœur de l'inhumanité propre aux méthodes managériales de l'entreprise. Ce n'est pas le travail en soi qui est aliénant, mais son organisation qui impose sans cesse une cadence, un souci de la rentabilité. Charlie Chaplin a très bien su le montrer dans son film *Les Temps modernes* : l'individu subit l'urgence imposée par la machine à un point tel qu'il est totalement dépossédé de lui-même et perd toute disponibilité à ce qui l'entoure. La machine contrôle la personne. Simone Weil parle de « déracinement ». À propos de la vie des ouvriers dans l'usine, elle dira ainsi : « L'usine fait d'eux, dans leur propre pays, des étrangers, des exilés, des déracinés » – comme le sont les joueurs de *Squid Game* sur leur île.

Elle distingue ainsi le rythme et la cadence. La cadence, c'est ce qui est imposé de l'extérieur, alors que le rythme est ce qu'on se donne à soi-même. Dans l'organisation industrielle du travail, il n'y a plus de rythme pour penser, pour prêter une attention à ce que l'on fait, au produit de son travail. Le temps est sans cesse mesuré. C'est la sonnerie de l'usine, le décompte du temps lors des épreuves dans la série. Mais cet impératif de la rentabilité n'est pas présent uniquement dans l'industrie, il se retrouve dans de nombreux travaux. C'est ce que les médecins, les infirmiers ou les aides-soignants déplorent quand ils affirment : « On ne soigne plus » alors qu'ils ont huit minutes, montre en main, pour s'occuper d'une personne âgée dépendante en EHPAD... C'est ce à quoi sont soumis les employés d'Amazon[16] qui sont chronométrés : munis d'un pistolet scanner, ils partent à la chasse aux produits commandés ; poussant un petit chariot, ils parcourent les allées de l'immense entrepôt pour composer leurs colis ; chaque salarié doit récupérer un maximum d'articles en un minimum de temps ; il n'y a officiellement pas de sanction, mais il est fortement recommandé d'être dans les temps afin d'obtenir 30 *cents* de plus par heure que le SMIC ; et ceux qui sont en deçà des objectifs voient leur « mission » interrompue... Cette entreprise représente la cible facile eu égard à sa taille, mais ce qu'elle met en exergue, c'est une nouvelle organisation du travail qui se répand avec la place que prend la logistique dans les échanges actuels et la vente des biens. Les employés des plateformes logistiques, les livreurs, les transporteurs, les personnes travaillant dans les ports ou les aéroports... représentent en France 1,5 million de travailleurs.

Nous le voyons dans la série, le temps mesuré s'impose à un point tel que, inversement, même les riches ne savent plus quoi inventer pour faire passer le temps. Le temps n'est plus le temps vécu dans son épaisseur mais il est imposé, le temps n'est plus un temps qualitatif, celui dont nous avons besoin pour penser, celui qui permet de faire porter son attention aux choses, à ce que l'on fait et à son environnement, à son propre rythme, mais un temps purement quantitatif qui organise tout. Or, le temps mesuré, le temps cadencé, oublie la réalité du temps vécu. La vie réellement vécue n'est pas la cadence imposée. C'est ce que l'organisation du travail réduit au silence en nous imposant une vie

16. Avec désormais près de 1,5 million d'employés, Amazon est la deuxième entreprise américaine à employer plus d'un million de personnes dans le monde.

déshumanisée qui n'est pas la vie. En ce sens, ce temps imposé dans lequel nous ne sommes tendus que vers la réussite s'évertue à nous faire oublier la souffrance réellement vécue. Il n'y a plus de temps pour penser, plus de temps pour porter attention au monde et aux autres. Il n'est qu'oppression.

Le philosophe Walter Benjamin remarquait d'ailleurs que lors de la révolution de 1830, « au soir du premier jour de combat, il s'avéra qu'en plusieurs endroits de Paris, indépendamment et au même moment, on avait tiré sur les horloges murales[17] ». Détruire les horloges, le temps vide, est un acte de libération face à l'oppression.

Bergson : le temps et la durée

On doit à Bergson (1859-1941), philosophe français, cette distinction entre le temps qualitatif, qu'il nomme « durée » et qui est le temps réellement vécu, et le temps quantitatif, le temps mesuré, divisé en unités. Lorsque nous parlons du temps ou lorsque nous le désignons, nous le découpons en années, en heures, en minutes, etc., et nous le quantifions. Nous nous le représentons dans l'espace et nous le considérons comme une suite d'instants tels des points sur une ligne. Or, le temps réel, le temps réellement vécu, n'est pas une suite d'instants séparés les uns des autres ; l'instant, d'ailleurs, n'existe pas, il est une fiction puisque le temps ne s'arrête jamais. Le temps réel, la durée selon Bergson, est continu et indivisible.

17. Walter Benjamin, *Thèses sur le concept d'histoire*, 1942.

Walter Benjamin : contre l'idéologie du progrès

Philosophe, historien et critique d'art, Walter Benjamin est né en Allemagne en 1892, de parents de confession juive, et mort à Portbou en 1940 alors qu'il fuyait la France occupée, où il s'était réfugié après l'arrivée du nazisme en Allemagne. Son dernier ouvrage, *Thèses sur le concept d'histoire*[18], analyse l'idéologie du progrès comme signe de la catastrophe, comme une catastrophe continue qui laisse de côté les victimes. Il insiste sur la nécessité de rompre avec cette conception d'un temps vide et continu et de revenir à la réalité de la souffrance vécue.

La seule relation est l'ordre donné et l'ordre reçu. On privilégie le quantitatif au qualitatif en rationalisant les activités de manière très efficace et l'on parvient alors à tuer toute résistance. Là encore, on produit une forme de consentement par soumission en supprimant le temps qui permet de penser et d'échanger. Un participant le dit clairement : « On ne se fie pas aux gens parce qu'ils sont fiables, on s'y fie parce qu'on n'a pas le choix. » C'est la ruine de toute relation humaine.

Simone Weil souligne alors que le rapport n'est plus entre les hommes mais entre les choses. Chacun est à sa tâche poussé par l'urgence de réussir et le silence règne entre les individus, comme lors de l'épisode 3 et du jeu du gâteau à découper. On accepte alors de compter peu et on intègre l'humiliation. Ce qui rend tout cela possible, c'est la démesure qui se manifeste dans le fait de vouloir toujours plus, l'obsession de l'argent qui est au cœur des rapports humains, comme une tirelire pleine de billets suspendue au-dessus des têtes. Il

18. Walter Benjamin, *Thèses sur le concept d'histoire*, 1942.

est condition de survie pour certains, manifestation d'un désir illimité pour d'autres.

Or, il faut compenser l'humiliation du travailleur, et pour cela on donne des mobiles à son action qu'il ne choisit pas : un salaire, un petit cadeau, un mug de l'entreprise pour qu'il se sente encore mieux lui appartenir... Amazon, qui utilise beaucoup la communication interne, a ainsi pour slogan « *Work hard, have fun, make history* » (Travailler dur, s'amuser, entrer dans l'histoire) ; il organise des activités ludiques dans l'entrepôt, on fête Halloween ou Noël...

En créant cet esprit « *corporate* », ce sentiment d'appartenance, on fait de celui qui travaille un « collaborateur », laissant à penser que la soumission est absente puisqu'il est intégré à un projet commun qui le dépasse : la réussite qui suppose l'efficacité. Chaque joueur de la série est un membre de la grande aventure. Si cette approche est séduisante – et elle doit l'être si l'on veut atteindre le but fixé –, elle n'en participe pas moins d'une logique de domination dans laquelle celui qui travaille ne peut s'interroger que sur les moyens et jamais sur les fins, sur la manière d'être le plus efficace sans avoir à réfléchir sur la valeur et le sens du but poursuivi. C'est seulement alors dans cette interrogation sur les moyens que l'individu exerce sa liberté, liberté illusoire puisqu'il est, en dernière instance, uniquement libre d'obéir[19].

Si les analyses de Simone Weil portent essentiellement sur la souffrance du travail ouvrier dans la grande industrie, elles peuvent néanmoins s'étendre, même si les conditions économiques ne sont pas les mêmes, à une organisation du travail beaucoup plus générale que l'on retrouve dans certaines théories du management. La souffrance au travail, le nombre de burn-out dans différentes sphères de la société en témoignent. Sang-woo échoue dans le jeu de *squid game* alors que sa vie dans le monde extérieur n'était pas celle d'un travailleur à la chaîne. Certaines méthodes de management, développées depuis les années 1950 et qui ont pu s'imposer depuis dans de multiples secteurs, ne sont pas étrangères à cette fabrique du consentement qui, en faisant croire à un certain effacement de la hiérarchie, perpétue cette logique de domination et d'oppression.

19. Chapoutot Johann, *Libres d'obéir. Le management, du nazisme à aujourd'hui*, 2020.

Dans son analyse du management du nazisme à aujourd'hui, l'historien Johann Chapoutot montre ainsi la continuité qui peut être établie entre les méthodes managériales du nazisme et certains modèles de management développés après la Seconde Guerre mondiale dans les entreprises. Là où le nazisme, au nom de l'efficacité, de la communauté de race, a pensé une organisation hiérarchique du travail à partir d'objectifs bien définis, des pratiques du management d'après-guerre reprendront, avec certains mêmes individus à leur tête, ces principes dans la gestion des ressources humaines à travers des politiques par objectifs et la délégation des responsabilités. On fait alors porter un poids supplémentaire à ceux qui ne font finalement qu'obéir et qui ne jouissent que d'une liberté « aménagée, où l'on est libre de réussir en exécutant au mieux ce que l'on n'a pas décidé soi-même[20] ». Il s'agit, là encore, d'une nouvelle fabrique du consentement à travers une défaite de la pensée et une organisation rationnelle du travail.

Par le biais du jeu, ce que nous décrit *Squid Game*, c'est la réalité du travail vue de l'intérieur. Elle nous est dépeinte dans sa forme extrême à travers l'image du camp. Suite à son expérience du travail en usine, Simone Weil pourra déclarer : « J'ai tiré en somme deux leçons de mon expérience. La première, la plus amère et la plus imprévue, c'est que l'oppression, à partir d'un certain degré d'intensité, engendre non une tendance à la révolte, mais une tendance presque irrésistible à la plus complète soumission[21]. »

Cette nouvelle organisation du travail s'accompagne de nos jours de l'accroissement d'une politique de contrôle. Dans le champ de la logistique, actuellement, le travail se fait avec des outils à commande vocale, des PDA (*personal digital assistants*, de petites tablettes numériques), des scanners ou des bagues portant des scanners. Cela produit finalement les mêmes effets : intensification du travail, perte d'autonomie, individualisation des tâches... Mais le contrôle ne porte pas que sur les tâches, il s'exerce aussi sur l'ambiance, les relations entre les individus. On a vu ces dernières années les efforts fournis par de grandes entreprises

---

20. Chapoutot Johann, *Libres d'obéir. Le management, du nazisme à aujourd'hui*, 2020.
21. Weil Simone, *La Condition ouvrière*, 1951.

aux USA pour empêcher le développement de syndicats qui ruinerait cet esprit d'une aventure commune dans laquelle chacun est embarqué, l'esprit d'équipe[22], ces mêmes syndicats que des politiques néolibérales se sont attachées à détruire, par exemple outre-manche, parce qu'ils étaient un obstacle au développement économique et considérés comme responsables de la crise des années 1970.

La manière dont les VIP, dans la série, se délectent du spectacle des mises à mort montre l'attention qui est portée non pas aux compétences mais aux réactions purement individuelles. Ce qui intéresse et nourrit le jeu est alors les comportements psychologiques des joueurs. C'est ainsi qu'en regardant la série nous sommes dans l'attente de la réaction de chacun. Cette prise en compte de la dimension psychologique est devenue de plus en plus dominante dans le management contemporain. La sociologue Danièle Linhart analyse ainsi ces transformations récentes, qui, en individualisant les actions, font que « s'est mis en place un modèle qui s'est d'abord élaboré autour de l'individualisation, puis la personnalisation de la relation de chacun à son travail, puis la psychologisation : on est allé chercher au plus profond de chacun ses ressorts les plus intimes, les plus émotionnels, les plus affectifs[23] ».

Ainsi, ce n'est pas le travail qui est condamné mais son organisation qui produit une servitude volontaire nourrie par un sentiment d'humiliation qui, pour une philosophe comme Simone Weil, devient le terreau du totalitarisme que, peu de temps après, le monde va connaître. Au XXIe siècle, ce n'est pas le spectre du totalitarisme qui nous hante, mais un nouveau type de régime que nous voyons se développer à travers une forme de populisme et l'émergence de ce qu'on nomme de manière contradictoire les « démocraties illibérales », qui s'accommodent très bien d'une inégalité des droits et qui prennent leur essor, entre autres, sur un sentiment d'humiliation.

---

22. Le 9 novembre 2021, Amazon a été condamné par la cour d'appel de Dijon pour discrimination syndicale et harcèlement moral envers le secrétaire général de la CGT Amazon France.
23. LINHART Danièle, *L'Insoutenable Subordination des salariés*, 2021.

La dignité et la reconnaissance

Si à l'entrée d'Auschwitz était inscrit « Le travail libère », sur le portail d'entrée de Buchenwald était forgée la formule « À chacun son dû », autrement dit à chacun ce qu'il mérite. Sur l'île où se joue *Squid Game*, le jeu libère et chacun a bien ce qu'il mérite. Les participants déclassés sont ces gens qui ne sont rien, des perdants à qui on offre une dernière chance de gagner. Ils sont le produit de ce que cette société de travailleurs a créé. Pourtant, il serait illusoire de croire que l'on peut se passer du travail, non seulement parce que nous devons satisfaire nos besoins, mais également parce qu'il nous met dans un rapport à la réalité extérieure. Mais les dérives de son organisation que *Squid Game* met en scène peuvent nous inviter à réinterroger celle-ci en dehors de toute logique d'humiliation et d'oppression qu'impose une pensée de la croissance illimitée et de la productivité comme seule condition de la survie.

Car, nous ne cessons de le voir, l'humiliation est partout présente, elle frappe celui qui n'a « que ce qu'il mérite », elle s'installe chez celui qui est contraint d'accepter l'oppression et elle va jusqu'à nourrir les rapports entre les individus. Chacun est prêt à risquer sa vie pour gagner 456 milliards de wons et, finalement, Gi-hun n'en jouira pas. L'injustice n'est pas alors qu'une question de ressources et la justice ne peut résulter uniquement d'une logique de redistribution des biens et des avantages. L'injustice touche aussi au déni de reconnaissance, aux souffrances subjectives éprouvées par les individus. Elle n'est pas seulement « avoir » moins qu'autrui, mais aussi ne pas être reconnu comme un égal par les autres, et cela suppose entre autres de combattre les causes de l'humiliation, dont l'organisation du travail fait partie, mais aussi, par extension, toute forme de discrimination. Car jouer sur le ressort de l'humiliation peut être extrêmement dangereux et conduire, comme l'univers de *Squid Game* le montre, à des luttes à mort. C'est sur ce terreau produit par cette société de travailleurs que se développent les discours de la nostalgie d'une grandeur perdue voulant faire qu'une nation soit « *great again* ».

On doit au philosophe allemand Hegel d'avoir montré ainsi la place fondamentale de la reconnaissance pour toute existence humaine.

Hegel, penseur de la reconnaissance

Hegel (1770-1831), philosophe allemand, a développé dans la *Phénoménologie de l'esprit* une analyse fondamentale sur cette question, montrant que toute conscience pour se développer doit faire l'épreuve de la reconnaissance. Exister, c'est vouloir être reconnu comme conscience. Or, le seul moyen pour être authentiquement reconnu est de mettre en jeu ma relation à l'autre. C'est comme dans *La Fureur de vivre*, la course de deux voitures vers le précipice. Jusqu'où chacun est-il prêt à aller ? Si personne ne cède, la disparition est mutuelle et la reconnaissance échoue. C'est pourquoi la lutte exige que l'autre soit conservé. Celui qui cède décide de prendre sur lui et devient l'élément qui conserve, terme dérivant du latin *servus*, d'où le mot *esclave*. Nous avons l'esclave et le maître, le maître est celui qui n'a pas eu peur de mourir. Mais l'histoire ne s'arrête pas là. Car le maître, pour rester maître, doit reconnaître l'existence de l'esclave sans lequel il n'est rien. Puisque l'esclave n'a pas cherché à tout prix à être le maître, il a offert la possibilité à l'autre d'aller au-delà et de devenir le maître.

La leçon de Hegel est la suivante : la reconnaissance repose sur la limitation volontaire, non forcée et réciproque, par chacune des consciences, de leurs libertés individuelles.

Hegel raconte en fait l'histoire de l'échec auquel est vouée toute reconnaissance tronquée et biaisée ne reposant pas sur des liens de réciprocité. Cet échec s'avère cependant riche d'enseignements en ce qu'il amènera progressivement les protagonistes à l'étape ultime du savoir affirmatif de soi-même dans l'autre soi. Lors de cette dernière étape, chacun des protagonistes « se sait reconnu dans l'autre qui est libre, et il sait cela dans la mesure où il reconnaît l'autre et le sait libre ».

Mais la reconnaissance peut se jouer à différents niveaux et Honneth, philosophe allemand contemporain, distingue ainsi trois sphères de reconnaissance[24].

1. La reconnaissance amoureuse

Une première expérience de reconnaissance se joue dans les relations affectives que nous tissons très tôt avec les personnes de notre entourage le plus proche. Suite à la phase de symbiose vécue entre le nourrisson et sa personne de référence, un équilibre entre dépendance et autonomie tend lentement à s'instaurer au sein de leur relation. Cette deuxième phase débouche sur un équilibre précaire entre autonomie et dépendance grâce auquel l'enfant, fort du soutien affectif que lui procure sa personne de référence, va progressivement acquérir la « capacité à être seul ». L'expérience amoureuse de la reconnaissance ne se limite pas aux relations entre la personne de référence et le nourrisson, mais elle s'étend aux liens érotiques amicaux que contractent les sujets tout au long de leur vie. Grâce aux relations « amoureuses » qu'ils tissent avec leurs proches, les individus trouvent une confirmation intersubjective d'eux-mêmes. C'est ce qui s'exprime par le sentiment de « confiance en soi ». Mais la forme élémentaire de la reconnaissance amoureuse touche un nombre limité d'« autruis significatifs ».

2. La reconnaissance juridique

Elle s'inscrit dans un tissu plus vaste d'interactions. Alors que dans la sphère de l'intimité, l'individu se voit bénéficier d'une certaine sécurité émotionnelle, dans la sphère du droit, les individus se voient reconnaître la compétence rationnelle de poser des jugements bien fondés sur leurs actions. La reconnaissance des personnes titulaires de droits contribue à la formation du respect de soi. C'est ce que l'on retrouve dans la communauté juridique où chacun possède le droit égal de se prononcer sur les affaires publiques. C'est parce qu'un individu est reconnu comme sujet de droits et de devoirs qu'il peut comprendre ses actes comme une manifestation, respectée par tous, de sa propre autonomie.

24. Honneth Axel, *La lutte pour la reconnaissance*, 1992.

3. La reconnaissance de la communauté de valeurs

C'est celle qui permet aux individus de se rapporter positivement à leurs qualités particulières, à leurs capacités concrètes. L'estime sociale, propre à cette sphère, est indispensable à l'acquisition de l'estime de soi : dans toute société, un individu assume une certaine fonction ou fournit une certaine « prestation » ; si ces dernières ne sont pas reconnues, la solidarité ne peut plus exister et l'utilité de la personne est non avérée ou niée, ce qui entraîne du même coup une perte de l'estime de soi.

L'humiliation produite par la mise en place d'une certaine organisation du travail est la négation de ces sphères de reconnaissance qui se trouvent intimement liées. La perte de l'estime de soi conduit à une perte du respect de soi et chacun est alors prêt à se vendre. Si la confiance en soi est première dans l'ordre chronologique, elle peut aisément être détruite par une remise en cause de l'estime de soi. Gi-hun en fait la triste expérience là où la perte de son emploi a contribué à détruire sa famille. Chacun des joueurs fait l'épreuve d'une perte du respect de soi en étant contraint d'accepter des règles de soumission. Mais ce que la société a avant tout organisé est une négation de toute forme d'estime de soi.

C'est pourquoi il est en premier lieu nécessaire de repenser l'organisation du travail afin d'y retrouver cette dignité, mais celle-ci ne peut avoir de sens que si elle s'accompagne d'un respect de soi, c'est-à-dire d'une égale dignité. Cela ne peut être possible que dans une société où le bien commun n'est pas pensé comme la somme des intérêts particuliers ou des préférences sans qu'une réflexion soit menée sur le sens de ces préférences. Dans son ouvrage *La Tyrannie du mérite*[25], abordant cette question de la reconnaissance, Sandel distingue deux approches pour penser le bien commun : l'approche par le consommateur et celle par le producteur. La première est celle qui conduit à rémunérer et reconnaître un travail, donc à lui accorder le plus de valeur, en fonction de la satisfaction éprouvée par les consommateurs ; la seconde suppose une délibération sur la valeur de nos préférences et considère que notre « rôle social le plus important n'est pas celui

25. Sandel Michael, *La Tyrannie du mérite*, 2021.

de consommateur, mais de producteur[26] », et nous avons su y penser lorsqu'en pleine pandémie nous avons désigné des activités essentielles. Cela ne peut que faire écho aux paroles prononcées par Martin Luther King peu de temps avant son assassinat : « Un jour notre société, si elle survit, respectera les éboueurs ; la personne qui ramasse nos ordures est en dernière analyse aussi importante qu'un médecin car, si elle ne fait pas son travail, les maladies se propageront. Tout travail a sa dignité[27]. »

Or, une telle délibération est incompatible avec une organisation du travail qui, dans une logique de croissance productiviste, nie finalement le rôle du producteur. C'est pourquoi ce n'est pas le travail qu'il s'agit de rejeter et de condamner comme n'étant pas une valeur – sa vertu est de nous mettre en relation avec les autres et avec le monde –, mais c'est la manière dont il structure nos sociétés. On ne peut échapper ni à la mort ni au travail, mais on peut échapper à leurs violences. Ce n'est pas la mort qui est évidemment insupportable dans *Squid Game*, c'est la manière dont elle survient. De même, ce n'est pas le fait de devoir satisfaire ses besoins qui justifie que l'on oppresse et soumette les individus. C'est sur ces paroles que Simone Weil conclut son dernier ouvrage inachevé : « La mort et le travail sont choses de nécessité et non de choix. L'univers ne se donne à l'homme dans la nourriture et la chaleur que si l'homme se donne à l'univers dans le travail. Mais la mort et le travail peuvent être subis avec révolte ou consentement. Ils peuvent être subis dans leur vérité nue ou enrobés de mensonge[28]. »

Au lieu de répéter comme un mantra que le travail est une valeur, il serait donc nécessaire de se donner les moyens de réfléchir à savoir de quel travail nous parlons, selon quelle organisation, et ce parce que la reconnaissance ne peut se résumer à une tirelire qui pend au plafond.

26. *Ibid.*
27. LUTHER KING Martin, Memphis, 18 mars 1968, cité par Michael Sandel.
28. WEIL Simone, *L'Enracinement*, 1949.

Conclusion

L'argent, totem ou tabou ?

En permanence, les personnages de *Squid Game* sont amenés à faire des choix. Mais qui peut faire le choix ? Aucun choix n'est le bon. Sans cesse on se demande ce que l'on ferait à la place de tel ou tel joueur. Serais-je victime ou bourreau ? Serais-je prêt à sacrifier un autre pour gagner ? Or, si se demander comment on aurait agi à la place de l'autre est toujours tentant, force est de constater que cela n'a finalement pas grand sens, tout simplement parce que nous ne sommes jamais vraiment à la place de l'autre. Toutefois, si nous prenons une telle interrogation au sérieux, elle n'est pas neutre, elle témoigne de notre inquiétude, du fait que nous ne sommes jamais totalement sûrs de rien. C'est alors la question de nos possibilités qui se trouve posée, et aussi celle de notre responsabilité, du risque de notre faiblesse, une faiblesse dont nous savons que nous pourrions en partie être la cause. Par là même, nous expérimentons une dimension de notre liberté, nous éprouvons le fait que rien n'est absolument imposé quand bien même nous essayerions de justifier nos pires comportements. C'est d'ailleurs en ce sens que Kant parle de « mal radical[1] ». Cette expression ne signifie pas « mal absolu », mais, au sens premier, elle questionne la racine du mal. Le mal s'enracine dans notre liberté. D'où vient que nous pouvons mal agir ? Du fait que nous sommes libres. Mais cette liberté, pour devenir effectivement vécue avec les autres, suppose des conditions.

C'est pourquoi, si *Squid Game* est l'univers des choix impossibles, il n'en demeure pas moins que certains sont meilleurs que d'autres et que l'on ne peut si facilement exonérer totalement les individus de leur responsabilité. Nous en avons l'intuition et nous faisons spontanément la différence entre le salaud et celui qui semble avoir plus de sens moral. Néanmoins, même celui qui nous paraît meilleur que les autres n'échappe pas à des décisions qui sont moralement condamnables ou qui posent problème. Nous avons pu voir d'ailleurs comment la question de la valeur de la vie nous confrontait à des positions dans lesquelles aucune décision ne peut être considérée comme la bonne. Opérer une distinction entre la morale et l'éthique, c'est constater finalement qu'il n'y a pas de vérité morale. Personne ne peut soutenir qu'il y a une bonne réponse. Il y en a de mauvaises, de plus mauvaises que d'autres, donc de meilleures, donc de meilleures que d'autres, mais il n'y a pas de bonne décision qui puisse être posée comme indiscutable ou absolument bonne.

Embarqués que nous sommes dans ce monde, le vrai coupable, semble-t-il, est l'argent, ce grand corrupteur trônant au milieu de la place comme un totem que chacun vénère ou comme ce qui impose des contraintes indépassables. La tentation est alors grande d'opérer une critique morale de l'argent. Et cette critique est immédiatement séduisante : c'est parce que tout est entré dans la sphère de la marchandisation que ce monde s'est déshumanisé. L'argent gangrène tout. Telle est la critique moderne du consumérisme sans frein.

Cette critique n'est pas neuve. Aristote déjà désignait sous le terme de *chrématistique* cet art d'accumuler de l'argent pour lui-même. En ne se limitant pas à assurer l'échange des biens primaires qui garantissent la satisfaction de nos besoins, l'argent conduit à exciter un désir humain sans limites. De statut de moyen, il prend celui de fin. Plus tard, à son tour, la tradition catholique condamnera l'usure, cette pratique qui consiste

1. Kant Emmanuel, *La Religion dans les limites de la simple raison*, 1793.

à gagner de l'argent sur de l'argent prêté. Avec le développement du capitalisme, c'est cette concurrence que l'argent fera à Dieu qui sera rejetée : « Le temps, c'est de l'argent », or, le temps n'appartient qu'à Dieu. Marx dénoncera à son tour la puissance démoniaque et aliénante de l'argent qui gouverne nos existences et divise les hommes, et il citera Shakespeare :

« Ô toi, doux régicide, cher agent de divorce
entre le fils et le père, brillant profanateur
du lit le plus pur d'Hymen, vaillant Mars, séducteur
toujours jeune, frais, délicat et aimé, toi dont
la splendeur fait fondre la neige sacrée qui couvre
le giron de Diane, toi dieu visible,
et qui soudes ensemble les incompatibles
et les fais se baiser, toi qui parles par toutes
les bouches et dans tous les sens, pierre de
touche des cœurs, traite en rebelle l'humanité,
ton esclave, et par ta vertu jette-la
en des querelles qui la détruisent,
afin que les bêtes aient l'empire du monde[2]. »

Toutefois, un tel rejet, que l'on assimile d'ailleurs rapidement à une dénonciation des riches, toujours suspects d'être immoraux, laisse de côté une fonction de l'argent qui n'est pas négligeable. Si l'assimilation de l'argent à un dieu nourrit sa critique, elle peut aussi souligner sa vertu en ce qu'il permet de s'affranchir de la puissance des choses en produisant

2. SHAKESPEARE William, *Timon d'Athènes* (cité par Marx dans les *Manuscrits de 1844*).

des équivalents à ces dernières. Mieux encore, comme un dieu, il est ce qui constitue l'unité pour toute la diversité des objets[3].

Qu'on fustige l'argent ou qu'on en loue les bienfaits, qu'on le condamne moralement ou qu'on en souligne les vertus, force est de constater que nous sommes pris dans un cercle dont nous ne pouvons nous échapper et qui, d'un côté comme de l'autre, nous laisse insatisfaits. L'argent est un fait, il est là, il est au cœur de nos sociétés, il les structure, et il serait naïf de penser que nous puissions revenir à une société de troc. Notre rapport à l'argent est alors toujours complexe, que ce soit d'un point de vue individuel ou d'un point de vue collectif. Parce que l'argent n'a pas que la dimension matérielle de la monnaie mais qu'il a aussi une dimension symbolique, il n'y a finalement sans doute pas de bon rapport à l'argent. Qui pourrait prétendre entretenir avec celui-ci un rapport sain et totalement vertueux ? Et, pourtant, l'argent nous plonge immédiatement au cœur de questions morales, questions auxquelles, là encore, il n'y a finalement pas de bonnes réponses, absolues et définitives.

Un tel constat a de quoi choquer. Nous voudrions trouver la bonne réponse, savoir quelle est la bonne attitude à tenir, la bonne décision à prendre, et ce parce que l'argent entretient un rapport étroit avec la morale. Nietzsche n'a cessé de le souligner[4], mettant en exergue la parenté à la fois morale et économique des termes de *dette*, de *gratuité*, etc., mais ces liens ne permettent justement pas de considérer que la morale puisse juger l'argent de l'extérieur. Faut-il donc se résoudre avec fatalisme à une forme de relativisme considérant que tout est acceptable, que, parce qu'il n'y a pas de bonne décision ni de bon rapport, tout se vaut ? Nous pressentons bien que non.

Dans *Squid Game*, l'argent est ce totem qui se nourrit de la mort des autres et, comme nous n'avons cessé de le voir, si les situations nous conduisent à des impasses morales, la seule réponse est alors politique. Voulons-nous vivre dans l'univers de *Squid Game* ? Telle est peut-être la question la plus essentielle à se poser. Elle consiste plus généralement à se demander quelle vie nous voulons avoir en commun. Notons d'ailleurs

3. Ce sont les analyses que produit le sociologue Simmel dans *Philosophie de l'argent*, 1900.
4. Nietzsche Friedrich, *La Généalogie de la morale*, 1887.

que, pour l'instant, à l'issue de la saison 1, Seong Gi-hun ne veut pas de sa vie une fois qu'il a gagné le jeu… Mais, là encore, se poser collectivement une telle question suppose que nous puissions en débattre et que nous puissions mettre en place des institutions qui posent des limites en fonction de choix collectifs. On peut mener une critique de l'argent, mais l'argent ce n'est pas la finance. Et si des excès et un usage mortifère de l'argent sont possibles, c'est bien parce que les institutions en place les autorisent.

« Salauds de pauvres », lançait Jean Gabin dans *La Traversée de Paris* alors qu'il s'était réfugié avec son compère dans un bistrot pour échapper à une ronde de police et que ni le bistrotier ni les consommateurs n'étaient prêts à leur venir en aide. « Salauds de riches », serait-on plus communément tenté de dire. Et, pourtant, des « salauds », il y en a des deux côtés et ce serait être profondément naïf que de penser que les pauvres sont moralement bons et les riches nécessairement mauvais ! Que l'argent puisse changer les comportements, cela est souvent constaté ; dans *Ce que l'argent ne saurait acheter*[5], Sandel cite un exemple riche d'enseignements. Face au nombre croissant de parents qui arrivaient en retard pour venir chercher leurs enfants, des crèches israéliennes avaient décidé d'instaurer des amendes. Le but était de pousser les parents à avoir des comportements plus vertueux et respectueux. Or, les conséquences ont été inverses puisque les retards n'ont fait qu'augmenter. Si jusqu'alors les parents se sentaient moralement tenus d'arriver à l'heure, le fait de payer les a rapidement dédouanés de toute culpabilité. Et Sandel de souligner le point sans doute le plus important : lorsque les amendes ont été supprimées, les usages ne se sont pas rétablis… Mais si l'argent modifie les comportements, c'est peut-être alors non pas aux individus, mais à ce qui rend possible et autorise ces comportements qu'il faut s'atteler à réfléchir. Si des individus peuvent en exploiter ou en acheter d'autres, c'est parce que les institutions en place le permettent. Voilà pourquoi la série peut nous inviter à réfléchir sur la démocratie, la justice, le travail, en d'autres termes sur un monde dans lequel nous pourrions vouloir vivre à partir de ce qui, dans notre monde, le rend violent et souvent cruel.

Existe, c'est certes être soumis à une nécessité : nous avons des besoins à satisfaire, notre vie est limitée dans le temps, etc., mais exister

5. Sandel Michael, *Ce que l'argent ne saurait acheter*, 2012.

ne se fait jamais seul. Toute existence est collective et doit être pensée de manière collective, non uniquement comme celle d'un individu isolé qui se sait mortel. En réduisant à néant toute solidarité, en assimilant la vie à la survie, en confrontant chacun en permanence au risque de sa propre mort, *Squid Game*, et l'univers qu'il présente, gomme cette dimension collective et plurielle de l'existence. Comme le souligne la philosophe Hannah Arendt[6], si toute la tradition philosophique a pensé l'existence humaine à partir de la mort, elle a oublié qu'exister c'est d'abord naître, et naître, c'est venir au monde, dans un monde qui existait déjà avant nous, et y occuper une place qui est toujours particulière et différente pour chacun. En ce sens, l'existence est toujours sur le mode de la pluralité et c'est cette pluralité qu'il faut penser et qui a pour nom la politique, à savoir la possibilité d'agir et de vivre en commun à partir d'une confrontation des points de vue. Quand la possibilité de ce monde commun disparaît, quand la politique est niée, il ne reste plus alors que l'univers de la désolation, cet univers dans lequel un individu n'est plus en compagnie de personne, ni des autres ni de lui-même, profondément déraciné, condamné à errer tel Seong Gi-hun sorti vainqueur.

Dire que les questions sont essentiellement politiques ne signifie pas que les délibérations que nous devons mener sont étrangères à la morale puisqu'elles consistent à se demander quelle vie nous voulons, et quelle vie nous considérons comme une vie bonne ; cela ne signifie pas non plus que, dans un univers subi aussi violent que celui de *Squid Game*, toutes les décisions se valent et que plus personne n'est responsable, sinon à considérer que nous voulons tous participer au jeu et que cela nous semble un monde souhaitable, une utopie plutôt qu'une dystopie. Cela signifie que nous sommes confrontés à une question simple dans sa formulation et infinie dans ses réponses : « dans quel monde voulons-nous vivre ? »

6. Arendt Hannah, *Condition de l'homme moderne*, 1958.

Index des philosophes

A

Arendt (Hannah), 10, 56, 58, 61-62, 68-69, 95, 98, 101-102
Aristote, 54, 55, 79, 103, 120
Augustin (saint), 82

B

Bentham (Jeremy), 33
Bergson (Henri), 108

E

Épicure, 53-54

G

Gramsci (Antonio), 51-52, 100

H

Habermas (Jürgen), 56
Hayek (Friedrich), 73-75, 100, 102
Hegel (Friedrich), 113-114
Hobbes (Thomas), 38-40, 47
Honneth (Axel), 115

K

Kant (Emmanuel), 16-17, 23-27, 29-30, 68, 119-120

M

Marx (Karl), 62-63, 94, 104, 121
Mill (John Stuart), 33

N

Nietzsche (Friedrich), 45-48, 63, 122
Nozick (Robert), 16, 19, 21, 23, 25, 27

P

Platon, 41-43, 54, 66-67

R

Rawls (John), 16, 76-77, 86
Rousseau (Jean-Jacques), 14, 48-49, 60

S

Sandel (Michael), 83, 116-117, 123
Sartre (Jean-Paul), 91
Sen (Amartya), 87-88
Socrate, 41, 54, 66-68
Stiegler (Barbara), 99

T

Tocqueville (Alexis de), 44-45

W

Walter (Benjamin), 100-101, 108-109
Weil (Simone), 104-106, 109-112, 117

Z

Zénon, 54

Dépôt légal : août 2022
ISBN : 978-2-38015-500-6
Achevé d'imprimer en août 2022 en Espagne par Liberdúplex